청소년의 생활스트레스가 자살행동에 미치는 영향과

심리사회적 자원의 보호효과

청소년의 생활스트레스가 자살행동에 미치는 영향과 심리사회적 자원의 보호효과

홍 영 수

한국학술정보[주]

목 차

국문 요약 / 11

제1장 서론 / 14

제2장 이론적 배경 / 18

　　　제1절 청소년의 자살행동 ……………………………………… 19

　　　제2절 청소년의 생활스트레스 ………………………………… 21

　　　제3절 심리사회적 자원 ………………………………………… 23

　　　　　1. 자기존중감 ……………………………………………… 24

　　　　　2. 문제해결능력 …………………………………………… 26

　　　　　3. 사회적 지원 ……………………………………………… 27

　　　제4절 청소년의 자살행동에 영향을 미치는 다른 요인들 ……… 29

　　　제5절 선행연구의 한계 ………………………………………… 31

　　　　　1. 선행연구의 한계 및 연구 내용 ……………………… 31

　　　　　2. 연구 진행도 …………………………………………… 33

제3장 질적 면접조사 방법 및 분석결과 / 34

　　　제1절 조사대상자 선정 ………………………………………… 36

　　　제2절 자료수집 방법 …………………………………………… 36

　　　제3절 자료분석 방법 …………………………………………… 37

제4절 질적 면접조사 결과 ··· 38

  1. 조사대상자의 일반적 특성 ··· 39

  2. 개방코딩: 근거자료의 범주화 ····································· 40

  3. 축코딩 ··· 51

  4. 이야기 개요 및 가설적 관계 진술 ································· 53

제5절 논 의 ·· 54

제4장 양적 설문조사 방법 및 분석결과 / 56

제1절 연구가설 ··· 57

제2절 연구모형 ··· 59

제3절 연구방법 ··· 60

  1. 조사대상자 선정 ·· 60

  2. 자료수집 방법 ·· 60

  3. 조사도구 ·· 61

  4. 자료분석 방법 ·· 64

제4절 양적 설문조사 결과 ·· 65

  1. 조사대상자의 일반적 특성 ··· 65

  2. 자살행동, 생활스트레스 및 심리사회적 자원 ···················· 67

  3. 자살생각에 대한 생활스트레스 및 심리사회적 자원의 영향 ·········· 83

  4. 자살계획에 대한 생활스트레스 및 심리사회적 자원의 영향 ·········· 101

제5장 연구결과 요약 및 논의 / 114

제1절 연구결과 요약 …………………………………………… 115
제2절 연구결과 논의 및 제언 ………………………………… 117
  1. 실천적 함의 …………………………………………………… 117
  2. 학문적 의의 …………………………………………………… 118
  3. 제언 …………………………………………………………… 119

참고문헌 / 120
부록: 조사 도구 / 129

표 목차

〈표 3-1〉질적 면접 조사대상자 구성 ……………………………… 36
〈표 3-2〉질적 면접 조사대상자의 일반적 특성 ………………… 39
〈표 3-3〉근거자료의 범주화 …………………………………… 40
〈표 3-4〉각 범주의 속성과 차원 ……………………………… 52
〈표 4-1〉양적 설문 조사대상자의 일반적 특성 ………………… 66
〈표 4-2〉조사일 이전 1개월 동안의 자살생각 정도 …………… 67
〈표 4-3〉조사일 이전 1개월 동안의 자살생각의 경험유무 ……… 67
〈표 4-4〉조사일 이전 1개월 동안의 자살계획의 경험유무 ……… 68
〈표 4-5〉조사일 이전 1개월 동안의 생활스트레스 정도 ………… 68
〈표 4-6〉자살생각 경험군과 비경험군의 생활스트레스 차이 ……… 69
〈표 4-7〉자살계획 경험군과 비경험군의 생활스트레스 차이 ……… 70
〈표 4-8〉자기존중감 정도 ……………………………………… 70
〈표 4-9〉자살생각 경험군과 비경험군의 자기존중감 차이 ……… 71
〈표 4-10〉자살계획 경험군과 비경험군의 자기존중감 차이 ……… 71
〈표 4-11〉문제해결능력 정도 …………………………………… 72
〈표 4-12〉자살생각 경험군과 비경험군의 문제해결능력 차이 …… 73
〈표 4-13〉자살계획 경험군과 비경험군의 문제해결능력 차이 …… 73
〈표 4-14〉아버지 지원 정도 …………………………………… 74
〈표 4-15〉자살생각 경험군과 비경험군의 아버지 지원 차이 ……… 75
〈표 4-16〉자살계획 경험군과 비경험군의 아버지 지원 차이 ……… 76
〈표 4-17〉어머니 지원 정도 …………………………………… 76
〈표 4-18〉자살생각 경험군과 비경험군의 어머니 지원 차이 ……… 77
〈표 4-19〉자살계획 경험군과 비경험군의 어머니 지원 차이 ……… 78
〈표 4-20〉친구 지원 정도 ……………………………………… 78

〈표 4-21〉 자살생각 경험군과 비경험군의 친구 지원 차이 ·········· 79
〈표 4-22〉 자살계획 경험군과 비경험군의 친구 지원 차이 ··········· 80
〈표 4-23〉 본인의 음주, 흡연, 정신과 치료경험, 친구의
            자살경험, 가족의 정신장애 및 자살행동의 해당유무 ······ 81
〈표 4-24〉 주요 변인 간의 상관관계 ································· 82
〈표 4-25〉 자살생각에 대한 생활스트레스의 영향 ··················· 84
〈표 4-26〉 자살생각에 대한 생활스트레스 하위영역별 영향 ·········· 85
〈표 4-27〉 자살생각에 대한 자기존중감의 영향 ····················· 86
〈표 4-28〉 생활스트레스 수준에 따른 자기존중감의 영향 ············ 87
〈표 4-29〉 자살생각에 대한 문제해결능력의 영향 ··················· 89
〈표 4-30〉 자살생각에 대한 문제해결능력의 하위영역별 영향 ········ 90
〈표 4-31〉 생활스트레스 수준에 따른 문제해결능력의 영향 ·········· 91
〈표 4-32〉 자살생각에 대한 아버지 지원의 영향 ···················· 92
〈표 4-33〉 자살생각에 대한 아버지 지원의 하위영역별 영향 ········· 93
〈표 4-34〉 생활스트레스 수준에 따른 아버지 지원의 영향 ··········· 94
〈표 4-35〉 자살생각에 대한 어머니 지원의 영향 ···················· 95
〈표 4-36〉 자살생각에 대한 어머니 지원 하위영역별 영향 ··········· 96
〈표 4-37〉 생활스트레스 수준에 따른 어머니 지원의 영향 ··········· 97
〈표 4-38〉 자살생각에 대한 친구 지원의 영향 ······················ 98
〈표 4-39〉 자살생각에 대한 친구 지원 하위영역별 영향 ·············· 99
〈표 4-40〉 생활스트레스 수준에 따른 친구 지원의 영향 ············ 100
〈표 4-41〉 자살계획에 대한 생활스트레스의 영향 ·················· 101
〈표 4-42〉 자살계획에 대한 생활스트레스 하위영역별 영향 ········· 102
〈표 4-43〉 자살계획에 대한 자기존중감의 영향 ···················· 104
〈표 4-44〉 자살계획에 대한 문제해결능력의 영향 ·················· 105

〈표 4-45〉 자살계획에 대한 문제해결능력 하위영역별 영향 ········ 105
〈표 4-46〉 자살계획에 대한 아버지 지원의 영향 ························ 107
〈표 4-47〉 자살계획에 대한 아버지 지원 하위영역별 영향 ········ 108
〈표 4-48〉 자살계획에 대한 어머니 지원의 영향 ························ 109
〈표 4-49〉 자살계획에 대한 어머니 지원 하위영역별 영향 ········· 110
〈표 4-50〉 자살계획에 대한 친구 지원의 영향 ·························· 111
〈표 4-51〉 자살계획에 대한 친구 지원 하위영역별 영향 ············· 112

그림 목차

〈그림 2-1〉 연구 진행도 ·· 33
〈그림 3-1〉 질적 면접자료 분석방법 ··· 38
〈그림 3-2〉 자살행동에 이르는 과정 ··· 53
〈그림 4-1〉 연구모형 ·· 59

국문 요약

청소년의 생활스트레스가 자살행동에 미치는 영향과 심리사회적 자원의 보호효과

본 연구는 우리나라 청소년들의 자살행동에 대한 생활스트레스와 심리사회적 자원 즉, 자기존중감, 문제해결능력, 부모와 친구에 의한 사회적 지원의 영향을 알아보기 위하여 수행되었다. 자살행동은 실제적인 행동의 표현여부를 기준으로 하여 자살생각과 자살계획으로 분류하였고, 생활스트레스는 주요한 생활사건과 사소한 생활사건 모두를 포함하면서 사건의 시간성(recency)과 사건에 대한 응답자의 평가를 반영하였다.

조사는 질적 면접조사와 양적 설문조사에 의하여 이루어졌는데, 먼저 질적 면접조사는 2004년 2월부터 3월까지 청소년 쉼터에 거주하고 있는 8명의 남녀 청소년들을 대상으로 근거이론 방법에 의하여 실시하였다. 그리고 선행연구와 질적 면접조사 결과를 바탕으로 가설을 수립하였으며, 2004년 4월 중에 고등학교에 재학 중인 남녀 학생들을 대상으로 양적 설문조사를 통하여 자료를 수집하였다. 결과 분석에는 521명의 자료가 사용되었으며 SPSS 11.5를 이용하여 기술통계분석, 선형회귀분석 및 로지스틱 회귀분석 등을 실시하였다.

연구결과, 생활스트레스는 자살생각과 자살계획을 증가시키는 것으로 나타났다. 그리고 자기존중감, 문제해결능력, 부모와 친구에 의한 사회적 지원 등은 모두 생활스트레스에 의한 자살생각을 감소시키는 것으로 나타났다. 그러나 부모에 의한 사회적 지원은 생활스트레스에 의한 자살계획을 감소시키지만, 자기존중감, 문제해결능력 및 친구에 의한 사회적 지원 등은 생활스트레스에 의한 자살계획을 감소시키지 못하는 것으로 나타났다.

이에 본 연구는 다음과 같은 의의를 가진다. 첫째, 청소년 자살행동에 영향을 미치는 생활스트레스 요인을 규명함으로써 자살행동 예방 프로그램의 초점을 제공해 주고 있다. 둘째, 청소년의 자살행동에 대한 자기존중감, 문제해결능력, 부모와 친구에 의한 사회적 지원 등의 기능을 입증함으로써 상담 및 치료 프로그램 개발의 근거를 제공해 주고 있다.

핵심어: 청소년, 자살행동, 생활스트레스, 자기존중감, 문제해결능력, 사회적 지원

제1장

서 론

━━━━━━━━━━ 청소년 자살행동은 우리 사회가 관심을 가져야 할 중요한 문제임에 틀림없다. 통계청에 따르면 2002년의 15~19세에 해당하는 청소년 자살인구는 인구 10만 명당 6.0명(203명)으로 이 연령 대에 속하는 청소년 사망원인의 3번째를 차지하고 있다. 미국에서도 자살은 1999년부터 2001년 사이에 15~19세에 해당하는 청소년의 3번째 사망원인이 되고 있다(Centers for Disease Control and prevention, 2004).

실제적인 자살의 전조로는 자살생각(suicidal ideation)이나 자살시도(suicidal attempt) 등이 있는데, 서구에서 일반 청소년들의 자살생각 평생 유병률 추정치(lifetime prevalence estimates)는 대개 60% 내지 75% 정도인 것으로 보고되고 있다. 자살에 대한 낙인이나 민감성을 고려한다면 이러한 보고 수치는 사실을 축소하여 반영하는 것이라고 볼 수 있다(Marcenko, Fishman, & Friedman, 1999). 물론 자살생각을 가진 모든 청소년이 실제로 자살 또는 자살시도를 하지는 않지만, 자살생각은 더 심각한 자살행동으로 이어질 수 있으므로(Reifman and Windle, 1995) 청소년의 자살생각을 확인하는 일은 중요하다. Lyon 등(2000)은 청소년 자살 시도자와 비시도자를 비교함으로써 자살생각이 자살시도를 예측할 수 있음을 보여주고 있다. 한편 청소년의 자살시도는 종종 행동화(acting-out), 조종(manipulation) 또는 주의를 끌기 위한 행동(attention-seeking behavior)으로 보일 수 있지만, 그러한 행동에 주의를 기울이지 않는다면 그들은 아무도 자기의 생존에 관심이 없다는 메시지를 주는 것으로 이해할 수 있을 것이다. 그러므로 모든 자살시도는 의미 있는 정신적 고통의 지표로 받아들여져야 한다(Reynolds, 1988). 청소년의 자살시도에 관한 Marcenko와 그의 동료들(1999)의 연구결과는 인종에 따른 유의미한 차이 없이 미국 저소득 지역 청소년들의 5%가 자살시도를 경험하였음을 보여주고 있다. 이러한 자살시도 유병률은 우리나라의 연구에서도 비슷하게 나타나고 있다(조성진 외, 2002).

그런데 청소년의 자살행동은 생활스트레스와 관련된 것으로 알려져 왔다. 사회·환경적 스트레스는 우울(Chang, 2001; Kessler, 1997; Mazza and Reynolds, 1998)이나 비행(김재엽·최선희, 1998)뿐만이 아니라 자살행동을 일으킬 수도 있는 것이다. Spirito와 그의 동료들(1989)은 "스트레스적인 생활사건(stressful life events)은 아동과 청소년의 자살시도를 이해하는 데 중요한 함의를 가지는 것 같다"고 하였고, 이후에도 생활스트레스가 청소년의 자살행동에 부정적으로 관련되어 있음이 여러 연구들을 통해서 입증되어져 왔다(Huff, 1999; Mazza and Reynolds, 1998; Sandin et al., 1998). 그런데 한국아동학회와 한솔교육문화연구원(2001)이 우리나라 청소년 5,016명을 대상으로 실시한 조사는 응답자의 66.2%가 공부, 장래 및 진학문제 등으로 스트레스를 느끼고 있음을 보여주고 있다. 이와 같이 우리나라의 수많은 청소년들이 생활스트레스로 인하여 고통을 경험하고 있으므로, 일반인구집단에 속한 청소년들의 자살행동에 대한 생활스트레스의 영향에 대한 보다 깊이 있는 연구가 필요하다.

한편 어떤 청소년들은 스트레스에 성공적으로 적응을 하고 오히려 스트레스에 의하여 자극과 격려를 받는 것으로 보이는 반면, 다른 청소년들은 자살행동 등의 부적응 문제를 경험한다. 그 동안 외국에서는 이론의 개발, 경험적 연구 및 예방을 위한 전략 등 3분야에서의 발전에 힘입어 청소년의 자살행동에 대한 이해가 많이 향상되어 왔으나(Reifman & Windle, 1995), 우리나라에서는 아직 더 많은 노력이 요구된다. 이에 본 연구에서는 스트레스에 관한 이론에서 대처자원으로 중요하게 언급되는 자기존중감, 문제해결능력, 부모와 친구에 의한 사회적 지원 등에 초점을 맞추어 자살행동에 대한 그 영향을 알아보고자 한다. 연구결과는 청소년의 자살행동의 예방각에 대한 생활 스트레스의 영향 및 치료를 위한 이론적 근거를 제공해 줄 수 있을 것이다.

제 2 장

이론적 배경

본 장에서는 먼저 청소년의 자살행동과 생활스트레스에 대하여 살펴보고, 이어서 자살행동의 보호요인으로 작용할 수 있는 심리사회적 자원 즉, 자기존중감, 문제해결능력, 부모와 친구에 의한 사회적 지원 등을 고찰하며, 끝으로 선행연구의 한계와 이를 극복하기 위한 연구 내용을 제시하고자 한다.

제1절 청소년의 자살행동

청소년의 연령적 구분은 그 나라의 사회·문화적 상황에 따라 달라질 수 있는데, 일반적으로는 사춘기가 시작되는 12세부터 신체적 성장이 거의 끝나는 20세까지를 말한다(Atkinson et al., 1983). 청소년기(adolescence)는 아동기로부터 성인기로 넘어가는 과도기로서 이때 나타나는 급속한 신체적, 정신적, 지적 및 사회적 변화는 그 자체가 스트레스가 될 수 있으며, 자살은 문제해결의 가장 극단적인 방법으로 사용될 수 있다.

그 동안 연구자, 임상가 및 교육가들은 여러 관점에서 청소년의 자살행동(suicidal behavior)을 이해하기 위하여 노력해 왔는데, 청소년의 자살행동은 "아동에서 성인으로 변화하는 과정에서 작용하는 생물학적, 심리적, 사회적 및 문화적 힘의 상호작용에서 일어나는 어려움의 결과"로 이해될 수 있다(Garbarino, 1985).

그런데 연구자들은 자살행동의 하위차원(dimension)을 이해함에 있어서 차이를 보이고 있다. Reynolds(1988)는 자살행동을 생각(ideation), 의도(intent), 시도(attempt) 및 실행(completion)으로 구분한다. 그의 구분에 따르면 자살생각은 죽음에 대한 생각, 죽었으면 하는 바람 및 죽는 방법과 시간 등에 대한 생각을 포함한다. 그리고 자살의도는 유서 작성이나 소지품 처분, 사소한 자해적 행동 등을 포함한다. 또한 자살시도는 명백하거나 매우 적은 실패 가능성을 수반하는 공공연한 위협과 다양한 정도의 자해로 끝나는 실제적인 자살시도(또는 준자살, parasuicide)를 말한다. 한편 Reifman과 Windle(1995)은 자살행동을 생각(thoughts), 의사표현(communication) 및 시도(attempt) 등으로 구분한다. 그리고 Levy와 그의 동료들(1995)은 자살 시도자에 관한 연구에서 자살행동을 단지 자살생각과 자살시도로 구분하여 사용하고 있다. 이로부터 볼 때 자살의 실행에 대한 정의는 쉽게 받아들여질 수 있지만, 생각, 의사표현, 의도 및 시도 등은 학자들에 따라 약간씩 다르게 사용되어 왔다고 볼 수 있다.

이에 본 연구에서는 자살행동을 자살생각, 자살계획, 자살시도 및 자살실행 등 4개의 차원을 가진 것으로 이해하고, 그 각각을 다음과 같이 정의하고자 한다. 먼저 자살생각(suicidal ideation)은 죽음에 대한 일반적인 생각으로부터 자살을 하는 수단에 대한 생각까지를 포함한다. 그리고 자살계획(suicidal plan)은 자살생각을 넘어서는 행동적 차원을 포함하지만 자해적 행동에는 이르지 않은 유서 작성, 소지품 정리 및 서적이나 인터넷 등을 통한 자살정보수집 등을 포함한다. 또한 자살시도(suicidal attempt)는 고의적이고 실제적인 자해 등을 포함하며, 실행(completion)은 실제적인 자살을 의미한다. 이를 행동적 차원에서 보면, 자살생각은 행동으로는 표출되지 않은 심리적 증상을 말하고, 자살계획은 자살에 관련된 행동의 표현은 있으나 자해에는 이르지 않은 것이며, 자살시도는 표출된 자해행동을 말한다.

그런데 자살행동에 대한 측정에 있어서 고려해야 할 문제가 있다. 즉 일반인구집단에서 조사일 이전 단기간 동안의 자살시도 사례 수는 매우 적다. 그리고 자살실행은 흔히 자살 실행자에 대한 심리적 부검(psychological autopsy)을 실시하여야 한다. 따라서 일반인구집단을 대상으로 한 자살행동의 위험요인과 보호요인의 연구에 있어서 자살행동의 유형은 자살생각과 자살계획으로 제한하는 것이 현실적이다. 본 연구는 일반인구집단에 속한 청소년들을 대상으로 하므로 자살행동을 자살생각과 자살계획으로 제한하여 연구하고자 한다.

제2절 청소년의 생활스트레스

현재 널리 받아들여지는 스트레스에 관한 정의는 Lazarus와 Folkman (1984)에 의한 것인데, 그들은 "심리적 스트레스는 개인에게 무거운 짐을 지우거나 자원을 초과하며, 그의 안녕을 위협한다고 평가되는 개인과 환경 간의 특정한 관계"라고 한다. 이들의 정의는 자극 또는 반응으로 정의되어 오던 스트레스 개념을 수정한 것으로서 인간과 환경의 관계성을 강조하고 있다. 이 관계적 정의는 사회·환경적인 생활스트레스와 그에 대한 개인의 평가를 반영하고 있는 것으로서, 인간을 환경적 맥락에서 이해하고자 하는 본 연구의 관점과 일치한다고 볼 수 있다.

한편 스트레스의 범주는 다양하게 정의할 수 있으나 우리가 일반청소년 집단을 대상으로 연구할 때 생활스트레스를 원인변인으로 투입하는 것은 자살행동 예방 프로그램의 근거를 마련하기 위한 중요한 출발점으로 볼 수 있다. 그 동안의 연구들에서 생활스트레스는 그 빈도와 발생사건의 중요도를 기준으로 주요한 생활사건(major life events)과 사소한 생활사건(minor life events)으로 구분되어져 왔다. 주요한 생활사건에는 심각한 질병이나 사고, 이사, 전학, 가족이나 친구의 질병과 부상, 새로운 가족 구성원이 생기거나 부모의 이혼과 같은 가족구조의 변화 등이 포함되는데, 많은 연구들은 주요한 생활사건이 청소년의 자살행동과 유의미한 관계가 있음을 보여주고 있다(De Wilde et al., 1992; Dixon, Heppner, & Anderson, 1991; Dubow et al., 1989; Huff, 1999; Kelly et al., 2001; Mazza and Reynolds, 1998; Sandin et al., 1998). 그러나 주요한 생활사건은 발생빈도가 비교적 낮으므로 청소년의 생활스트레스를 적절하게 반영하지 못할 수도 있다. 이러한 단점을 극복할 수 있는 것으로 사소한 생활사건이 있다. 이는 일상사(daily hassles)와 동일한 의미로 사용되는데, Kanner 등(1981)은 일상사를 숙제나 친구와의 다툼과 같이 환경과의 상호작용으로부터 유래하는 좌절감(frustrations)과 자극(irritants)으로 정의했다. 일상사에 대한 관심이 증가하는 이유는 그것이 일반적이며 더 많은 개인적 변량을 보여줄 뿐만 아니라, 많은 연구들이 일상사가 정신건강문제의 원인이 되는 변량을 더 많이 설명하고 있음을 시사하고 있기 때문이다 (Dumont and Provost, 1999). 그 동안 일상사가 청소년의 자살행동과 유의미한 관계가 있다는 것도 여러 연구에서 입증되어져 왔다(박광배·신민섭, 1991; 임숙빈·정철순, 2002; 윤성림·윤진, 1993; Chang, 2002; Huff, 1999; Mazza and Reynolds, 1998). 이로부터 볼 때 생활스트레스에는 주요한 생활사건과 일상사를 모두 포함시키는 것이 적절할 것이다.

그런데 생활스트레스를 보다 정확히 측정하기 위해서는 몇 가지 고려해야 할 사항들이 있다. 첫째, 발생한 생활사건의 수를 고려해야 한다. 자살행동은 생활사건 수와 관계가 있기 때문이다. De Wilde 등(1992)은 부정적인 생활사건이 자살 비시도자에 비해 자살 시도자에게서 더 빈번하다고 밝혔다. 둘째, 생활사건에 대한 개인의 평가를 고려해야 한다. 바람직하지 않은 사건(예: 가까운 가족 구성원의 죽음)은 긍정적인 사건(예: 탁월한 개인적 성취)과는 매우 다르고, 아마도 더 해로운 영향을 미치는 것으로 이해되고 있다(Sarason, Johnson, & Siegel, 1978). 셋째, 생활사건에 대한 영향정도를 고려해야 한다. 스트레스가 인간과 환경간의 관계성 하에 있으므로 스트레스 사건의 발생 여부(환경적 측면) 및 발생사건에 대한 개인의 평가를 고려하는 것은 매우 합리적인 조치라고 볼 수 있다(Mullis et al., 1993). 넷째, 시간성(recency)의 고려가 요구되는데, Huff(1999)는 생활스트레스의 시간성 및 정도가 자살생각의 시간성 및 정도의 예견에 있어서 유의미한 요인임을 입증하였다. 일반적으로 일상사에 대한 측정에 있어서는 대체로 조사 일을 기준으로 지난 1주 또는 1개월의 기간에 대하여 평가하며, 자극 사건의 발생여부와 발생건 수 및 지각된 정도 등에 대하여 조사한다(Dixon et al., 1992; Huff, 1999).

제3절 심리사회적 자원

Rodham, Hawton 및 Evans(2004)에 의하면, 고의적인 자해행동을 한 청소년들이 밝힌 행동 동기는 고통을 경감하고, 그들의 상황으로부터 도피하고, 그들이 느끼는 절망을 다른 사람에게 보여주기 위함이었다. 그러나 유사한 수준의 스트레스를 경험한다고 할지라도 어떤 청소년들은 자살행동을 보이는 반면, 어떤 청소년들은 그렇지 않다. 그렇다면 어떤 요인들이 자살행동을 완화시킬 것인가? 이에 대한 답변은 심리사회적 대처자원으로부터 구할 수 있을 것이다. Lazarus와 Folkman(1984)은 성인의 스트레스와 대처과정에 대한 모델에서 건강과 에너지, 긍정적 신념, 문제해결기술, 사회적 기술, 사회적 지원 및 물질적 자원 등을 대처자원으로 제시하고 있다. 이러한 심리사회적 자원은 스트레스를 경험하는 개인의 대처에 영향을 미칠 수 있을 것이다. 그러나 이 모델은 대처자원의 중요성을 부각시켰다는 점에서는 중요한 의미가 있으나, 청소년을 대상으로 하지 않았을 뿐만 아니라, 엄격한 통계분석을 사용하지 않았다는 점에서 제한점을 갖는다.

청소년에게 있어서 대처자원의 기능은 Shermis와 Coleman(1990)의 약물남용과 비행에 대한 인지 행동 모델을 통해서 보다 잘 이해할 수 있는데, 이 모델은 주요한 5개 구성요소의 경로를 보여주고 있다: 환경적인 스트레스 요인(일상사 및 주요한 생활사건), 환경적 완충요인(지각된 사회적 지원), 개인적 요인(자기존중감, 문제해결기술 등), 스트레스 결과(신체적, 심리적 증상), 행동적 결과(약물남용, 비행 등). 즉, 지각된 사회적 지원이 스트레스의 효과를 조절하고, 이어서 자기존중감과 문제해결기술 등의 개인적인 완충요인이 정서적, 인지적 결과에 영향을 줄 수 있다는 것이다. 이로부터 볼 때 대처자원이 스트레스로 인한 인지적 및 행동적 차원의 부정적 결과에 영향을 줄 수 있음을 알 수 있다. 이는 Printz와 그의 동료들(1999)이 고등학생을 대상으로 한 연구에서도 확인되었다.

이에 본 연구에서는 청소년의 자살행동에 대한 심리사회적 대처자원으로 자기존중감, 문제해결능력 및 사회적 지원 등을 선정하고, 그 기능에 대해서 검토하고자 한다.

1. 자기존중감

자기존중감(self-esteem)은 오랫동안 인간의 건강한 발달을 위한 필수요소로 고려되어 왔으며, 인간본성(human nature)을 정의함에 있어서 자기존중감의 중요한 역할은 대부분의 성격이론에서 발견된다. Rogers(1951)에 의하면 인간은 긍정적인 존중에 대한 자신의 욕구가 만족되거나 좌절되는 경험의 복합체로부터 자기존중감을 발달시키는데, 자기존중감은 전체 유기체의 행동에 영향을 주는 보편적인 구성개념이 된다(김정희 외, 2000).

그리고 긍정적인 자기존중감은 바람직한 정신건강과 사회적 관계 및 생산적인 생활방식을 발전시키는 데에 있어서 중요한 요소가 된다(Walker, & Greene, 1986; Zieman & Benson, 1983).

많은 연구자들은 자기존중감을 자기에 대한 평가적 신념으로 정의한다(Nielsen and Metha, 1994). 자기존중감에 대해서 가장 많이 이용되는 정의 가운데 하나는 Rosenberg(1965)에 의한 것인데, 그는 자기존중감에 대해서 이렇게 말하고 있다: "우리가 높은 자기존중감에 대해서 말할 때 우리는 단지 개인이 자신을 존중하고 가치 있게 생각하는 것을 의미하며, 반대로 낮은 자기존중감은 자기에 대한 거부, 불만족 및 경멸을 의미한다." 자기존중감은 다차원적으로 이해되기도 하나(Gecas, 1971; 1972; Openshaw, Thomas, & Rollins, 1981), 흔히 단일차원(unidimensionality)으로 측정된다(Coopersmith, 1967; Rosenberg, 1965). 이 연구에서는 연구 목적상 자기존중감을 단일차원을 가진 것으로 받아들이기로 한다.

그 동안의 연구를 통해서 자기존중감과 자살행동은 상호 관련되어 있음이 입증되어져 왔다. Dori와 Overholser(1999)가 우울문제로 정신병원에 입원한 청소년들을 대상으로 한 연구에서는 자살행동 경험이 없는 집단이 자살시도 경험이 한 번 있는 집단 및 여러 차례의 자살시도 경험이 있는 집단과 비교되었는데, 모두 낮은 자기존중감을 나타냈지만 통계적으로 유의미한 차이는 발견되지 않았다. 그러나 이 연구는 우울의 영향을 통제하지 않음으로써 자기존중감이 자살행동과 무관함을 보여주는 증거라고 할 수는 없다. 반면, Pinto와 Whisman(1996)이 정신병원에 입원한 13세에서 18세에 이르는 청소년들을 대상으로 한 연구에서는 자살생각을 가진 경험이 있는 집단이 자살행동 경험이 없는 집단보다 더 낮은 자기존중감을 보인 것으로 조사되었다. 이 연구에서 우울의 심각성이 통제될 때 상관관계는 감소하였지만 통계적으로 여전히 유의미하였다. 또한 Overholser 등(1995)이 정신병원에 입원한 254명의 청소년 환자와 288명의 비교집단을 연구한 결과에서도 낮은 자기존중감이 자살경향과 강한 상관관계를 보였다. 이때 성별과 입원여부에 따른 차이는 발견되지 않았다.

2. 문제해결능력

대부분의 사람들에 있어서 인생은 일상사와 스트레스 사건으로 가득 차 있다. 문제해결능력(problem-solving ability)은 이러한 생활스트레스에 대한 대처에 관한 많은 연구들에서 그 중요성이 제시되어져 왔다(Heppner, 1997). 예를 들어 Printz 등(1999)은 고등학생을 대상으로 실시한 연구에서 사회적 문제해결능력이 적응에 대한 스트레스의 효과를 완화시킨다는 것을 보여주었다. Chang(2002)도 대도시 인근의 고등학생 306명을 대상으로 한 연구에서 자살이력이 통제될 때 사회적 문제해결능력은 자살생각과 유의미하게 부정적으로 관계됨을 보여주었다. 이 연구에서 사회적 문제해결능력과 생활스트레스의 상호작용은 없는 것으로 나타났다.

그러나 문제해결(problem-solving)의 개념과 관련하여 연구자들은 문제해결, 문제해결기술 및 문제해결능력 등의 용어를 혼용하고 있다. Heppner와 Petersen(1982)은 "문제해결은 내적 또는 외적인 요구와 도전에 대하여 적응하기 위한 인지적, 정서적, 행동적 과정의 복합적인 상호작용"이라고 정의하고 있고, Lazarus와 Folkman(1984)은 "문제해결기술은 대안적인 행동경로를 만들기 위하여 문제를 확인할 목적으로 정보를 찾고 상황을 분석하며, 대안적인 행동경로를 비교하고, 원하거나 기대하는 결과에 관계된 대안을 비교하고, 적절한 행동계획을 선택하고 실행하는 능력을 포함한다"고 정의하고 있다. 그리고 D′Zurilla와 Nezu(1990)에 따르면 "문제해결은 개인이 일상생활에서 만나는 문제 상황에 대처하는 효과적인 방법을 발견하기 위하여 시도하는 자기 생성적인 인지적, 정서적 및 행동적 과정"으로 정의하고 있다. 이로부터 볼 때 문제해결은 어떤 문제 상황에 대한 대안을 찾기 위한 인지적, 정서적 및 행동적 과정이고, 이러한 문제해결 과정을 수행할 수 있는 능력을 문제해결능력으로 이해할 수 있을 것이다. 그러나 문제해결능력에 대한 지각이 실제적인 문제해결행동과 관련이 있음은 분명하지만 이 둘은 다른 구성개념으로 이해된다(Heppner, & Baker, 1997).

Heppner와 Baker(1997)는 문제해결능력을 몇 개의 하위차원을 가진 것으로 이해하고 있다. 청소년 자살행동에 대한 연구에서 이들이 제시한 개념화에 입각한 문제해결능력의 영향은 몇몇 연구들에서 입증되어 왔는데(Carris, Sheeber, & Howe, 1998; Reinecke, DuBois, & Schultz, 2001), 이들의 견해는 본 연구의 목적에 잘 부합된다고 판단된다. 이에 Heppner와 Baker(1997)가 제시한 문제해결능력의 하위영역을 살펴보면 다음과 같다: 문제해결의 자신감(problem-solving confidence)은 넓은 범위의 문제해결활동에 관여하는 동안의 자신(self-assurance)과 자기의 문제해결능력에 대한 믿음과 신뢰로 정의된다. 이는 문제해결을 향한 대처 노력, 즉 문제집중적 대처활동과 긍정적으로 관계된다. 그리고 접근 회피 양식(approach-avoidance style)은 다양한 문제해결활동에 접근하거나 회피하는 일반적 경향으로 정의되는데, 이는 문제를 정의하고 해결책을 발견하려고 하는 시도처럼 이후의 문제해결행동에 영향을 미치기 때문에 문제해결 과정에서 매우 중요하다. 또한 개인적 통제(personal control)는 문제해결을 하는 동안 자기의 정서와 행동을 통제한다는 믿음으로 정의되며, 문제에 대한 정서적 반응 및 문제에 대한 해결책 발견으로부터의 이탈 등의 대처활동과 부정적으로 관계된다.

3. 사회적 지원

사회적 지원(social support)은 스트레스의 완충자(stress moderator)로서 가장 많은 관심을 받아왔다. 사회적 지원이 정신적, 신체적 건강에 관하여 가지는 두드러진 효과에는 완충효과(buffering effect)와 직접효과

(direct effect)가 있다. 완충효과모델 하에서 사회적 지원은 어려운 상황에 있는 개인이 건강을 유지하도록 돕는 반면, 정상적인 상황에서는 거의 효과를 발휘하지 않는다. 직접효과모델 하에서는 사회적 지원이 특별한 상황에 관계없이 모든 개인들에게 도움을 준다고 본다. 자살을 자기로부터의 도피로 보는 Baumeister(1990)의 이론 역시 사회적 지원의 중요성을 포함하고 있다. 사회적 망 또는 지역 사회에 포함되는 것은 해로운 개인적 자기몰두를 방지함으로써 자살행동을 예방할 수 있게 된다는 것이다(Reifman and windle, 1995).

많은 연구들은 청소년의 정신건강에 대한 사회적 지원의 효과를 보여주고 있는데, Printz 등(1999)은 Shermis와 Coleman(1990)의 스트레스와 대처에 관한 모델을 검증하기 위하여 고등학생들을 대상으로 실시한 연구에서 생활스트레스에 대한 사회적 지원의 효과를 재확인하였다. 그런데 지지원이 누구인가에 따라 그 효과는 다르게 나타나는 것 같다. Mazza와 Reynolds(1998)가 고등학생을 대상으로 한 연구에서는 부모와 친구 등에 의한 사회적 지원의 변화가 자살생각의 변화를 유의미하게 예견하였다. 그러나 Dubow 등(1989)이 중학교와 고등학교에 재학 중인 학생들을 대상으로 실시한 연구에서 부모에 의한 사회적 지원은 자살생각과 시도를 예견하였으나 친구로부터의 지원은 그렇지 않았다. 따라서 자살행동에 대한 사회적 지원의 영향을 보다 잘 이해하기 위해서는 보다 축적된 증거가 필요하다.

한편 그 동안의 많은 연구들은 사회적 지원을 논의함에 있어서 주로 정서적 측면에 초점을 맞추어 왔다(Malecki and Demaray, 2002). 그러나 일부의 연구자들은 사회적 지원을 다차원적인 개념으로 이해하고 있는 바, Heitzmann과 Kaplan(1988)은 사회적 지원을 지원의 내용, 지지원 및 성질(양적 또는 질적) 등이 포함된 것으로 이해하고 있다(Dumont, & Provost, 1999). Tardy(1985) 역시 사회적 지원을 방향(direction), 성질(disposition), 묘사(description) / 평가(evaluation), 내용(content) 및 관계망(networks)등 5개의 차원이 포함된 다차원적 개념으로 이해하고 있다. 여기에서 지원의 내용(content)은 박지원(1985)의 견해와 유사한 것이다. 이로부터 볼 때 Tardy(1985)의 모델이 사회적 지원을 가장 포괄적으로 설명하고 있다고 볼 수 있는데 각각의 하위차원은 다음과 같다: 방향은 지원을 주는지, 받는지를 말하는 것이고, 성질은 지원을 이용 가능한 것인지, 이용을 한 것인지를 말하며, 묘사 / 평가는 주어진 지원에 대한 평가를 일컫는다. 그리고 내용에는 첫째, 신뢰, 사랑, 감정이입과 같은 정서적 지원 둘째, 돈과 시간과 같은 자원을 포함하는 도구적 지원 셋째, 특별한 분야에 관하여 제공받은 정보나 조언과 같은 정보적 지원 넷째, 개인에 대한 평가적 언급 등의 평가적 지원 등의 4개 형태가 있다. 마지막 차원인 관계망은 개인의 지원망에 속하는 자원이나 구성원을 말하는데, 이는 달리 말하면 사회적 지지원이라고 할 수 있다. 이에 본 연구에서는 Tardy(1985)가 제시한 개념에 입각하여 사회적 지원을 부모와 친구 등으로부터 주어지는 이용가능한 정서적, 정보적, 평가적, 도구적 지원에 대한 평가로 정의하고자 한다.

제4절 청소년의 자살행동에 영향을 미치는 다른 요인들

청소년 자살행동에 영향을 미칠 수 있는 기타 요인들을 살펴보면 다음과 같다: 일반적으로 인구사회학적 변인들은 청소년의 자살행동과 관련이 없거나 매우 약한 상관관계가 있는 것으로 이해되고 있다. Chang(2001)은 연령, 성별, 인종 및 학년 등의 인구학적 변인이 고등학생들의 자살생각과 관계가 없음을 보여주었다. 그러나 성별 차이에 관한 연구는 다양한 결과를 제공하고 있다. 여자가 남자보다 더 많은 자살생각을 경험한다고 보고하는 연구도 있고(Dubow et al., 1989; Roberts, Chen, & Roberts, 1997; Simons and Murphy, 1985), 자살시도에 있어서는 여자가 많으나, 실행에 있어서는 남자가 많다는 증거도 있다(Henry et al., 1993). 또한 일반적으로는 사회경제적 지위가 청소년의 자살시도나 자살생각과 반비례의 관계가 있는 것으로 알려져 있으나(Dubow et al., 1989), 경제적 수준과 교육정도가 높을수록 더 심각한 자살의도와 관련이 있다는 연구도 있다(Levy, Jurkovic, & Spirito, 1995).

또한 본인의 물질남용은 청소년 자살행동과 관련이 있다. Kelly와 그의 동료들(2002)이 정신장애를 가진 청소년들을 자살 시도자와 비시도자로 나누어 비교한 결과 자살 시도자 집단의 알코올, 코카인 및 환각제 등의 물질 사용 비율이 더 높은 것으로 나타났다. Jones(1997)가 자살생각 또는 시도 문제로 정신과 응급실을 방문한 청소년들을 자살행동 문제와는 관계없이 소아과 응급실을 방문한 청소년들과 비교하였는데, 자살행동을 보인 집단이 더 많은 알코올과 약물남용을 보고했다고 밝혔다.

가족의 정신건강이나 자살이력도 청소년의 자살행동과 관련이 있는 것 같다. Hawton 등(2002)의 연구에서 고의적인 자해행동을 보인 15세 이상의 환자 146명의 35.6%가 가족의 자살행동 이력을 가지고 있는 것으로 조사되었다. 자해행동은 아버지보다는 어머니에게서 더 빈번하였다. Qin 등(2002)이 9세에서 45세에 이르는 자살을 실행한 4,262명을 성, 연령 및 자살시기를 고려한 통제집단과 비교한 결과 자살실행과 정신질환의 가족력이 유의미하게, 그리고 독립적으로 자살위험을 증가시킨 것으로 밝혔다.

친구의 자살에 대한 노출경험이 청소년의 자살위험을 증가시키는가에 대해서는 의견이 나뉘어져 있다. Watkins와 Gutierrez(2003)이 동료의 자살에 대해 노출된 고등학생들을 성, 연령 및 인종을 고려한 비교집단과 비교하였는데, 이 연구에서는 두 집단 간에 자살위험의 차이가 없는 것으로 나타났다. 그러나 이는 노출의 성질(nature)과 노출 이후의 경과시간 등이 연구에서 동등하게 다루어지지 않았기 때문인 것으로 볼 수 있는 여지가 있다.

제5절 선행연구의 한계

1. 선행연구의 한계 및 연구 내용

지금까지 검토한 선행연구의 한계와 이를 극복하기 위한 본 연구의 내용을 제시하면 다음과 같다.

먼저 자살행동과 생활스트레스에 관한 사항은 다음과 같다. 첫째, 기존의 연구들은 자살행동의 하위 유형을 구분함에 있어서 그 기준이 명확하지 않았다. 이에 본 연구에서는 자살생각과 자살계획을 행동의 표현여부를 기준으로 구분하여 사용하고자 한다.

둘째, 그동안의 우리나라 연구들은 청소년 생활스트레스의 범위를 주로 일상사에 한정하고 있다. 그러나 자살행동에 대한 주요한 생활사건의 영향은 충분히 입증되어져 왔다. 이에 본 연구에서는 생활스트레스에 주요한 생활사건과 일상사 모두를 포함하고자 한다. 그리고 생활스트레스를 보다 정확히 측정하기 위하여 생활사건과 일상사에 대한 응답자의 긍정 또는 부정의 평가(desirability or undesirability)와 경험된 사건의 영향 정도도 고려하고자 한다.

셋째, 본 연구의 양적 설문조사에서는 자살행동과 생활스트레스의 측정대상기간을 조사일 이전 1개월로 제한하고자 하는 바 그 이유는 다음과 같다:

일상사에 대한 측정은 조사일 이전 2주 또는 1개월 이내로 제한하는 것이 응답자의 회상을 비교적 정확히 반영할 수 있다. 생활스트레스의 시간성을 고려하기 위해서는 주요한 생활사건의 측정대상기간을 일상사의 그것과 일치시킬 필요가 있다. 그러나 주요한 생활사건의 측정대상기간을 2주로 제한할 경우에는 그 빈도가 매우 낮게 나타날 우려가 있다.   자살행동과 생활스트레스의 측정대상기간은 동일하게 설정할 필요가 있다. 측정대상기간의 제한을 두지 않는다면 두 변인간의 시간 순서가 왜곡될 우려가 있다.

다음으로 자살행동에 대한 보호요인으로는 자기존중감, 문제해결능력, 부모와 친구에 의한 사회적 지원 등에 초점을 맞추고자 하는 바, 그 이유는 다음과 같다.

첫째, 선행연구들은 낮은 자기존중감이 청소년의 자살행동과 관련이 있음을 밝혀왔다. 그러나 많은 연구들이 정신적인 문제를 가진 청소년을 대상으로 하고 있으므로(De Wilde et al., 1993; Dori and Overholser, 1999; Kelly et al., 2001; Kienhorst et al., 1990; Marciano and Kazdin, 1994; Myers et al., 1991; Overholser et al., 1995; Pinto and Whisman, 1996), 일반인구 집단을 대상으로 하는 확대된 연구가 필요하다.

둘째, 문제해결능력과 자살행동 간의 일관된 관계가 발견되어 왔으나, 지금까지의 연구들에서 고등학교 연령에 해당하는 청소년들을 대상으로 한 연구는 제한적으로 이루어져 왔다(Chang, 2002). 따라서 이 연령 대에 속하는 청소년들에 대한 보다 많은 증거의 확보가 필요하다.

셋째, 사회적 지원과 관련된 많은 연구들은 주로 정서적 측면에 초점을 맞추어 왔다. 그러나 근간에는 사회적 지원을 몇 가지 하위 차원을 갖는 개념으로 이해하고 있는 바(Malecki and Demaray, 2002), 청소년의 자살행동에 대한 연구에 있어서도 사회적 지원의 하위차원의 영향을 보다 깊이 연구할 필요가 있다.

끝으로 독립변인과 종속변인간의 관계를 보다 명확히 규명하고자 본 연구의 양적 설문조사에서는 자살행동에 영향을 미칠 수 있는 청소년 본인의 성별, 음주여부, 흡연여부, 정신과 치료경험, 친구의 자살에 대한 노출경험, 부모의 학력, 가정경제수준, 가족의 정신질환 여부 및 자살행동 이력 등의 영향을 통제하고자 한다.

2. 연구 진행도

본 연구는 다음과 같이 진행하고자 한다. 첫째, 지금까지 검토한 선행연구를 토대로 자살행동을 경험한 청소년들을 대상으로 질적 면접조사를 실시한다. 이는 청소년 자살행동에 대한 이해를 향상시키고 양적 설문조사의 가설을 도출하기 위한 목적을 갖는다. 이어서 일반 청소년 인구집단을 대상으로 한 양적 설문조사를 실시한다. 이는 자살행동에 영향을 미치는 생활스트레스와 보호요인의 관계에 대한 가설을 검증하기 위한 목적을 갖는다. 끝으로 연구결과를 요약하고 함의를 논하고자 한다. 이를 그림으로 나타내면 다음과 같다.

〈그림 2-1〉 연구 진행도

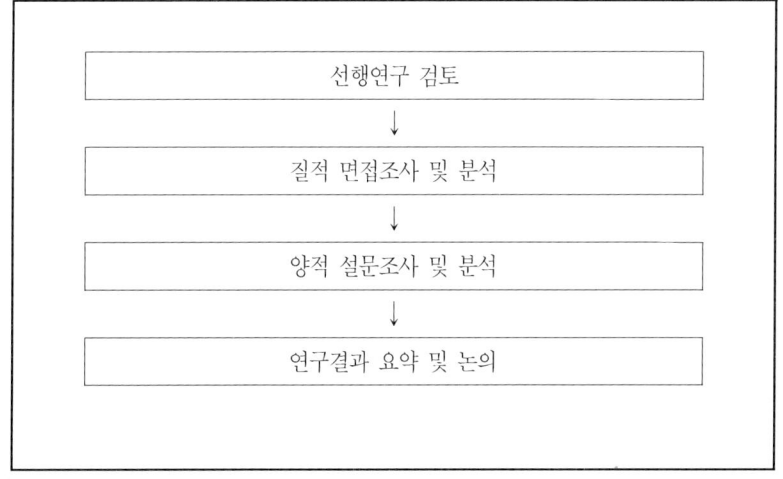

제 3 장

질적 면접조사 방법 및 분석결과

본 질적 면접조사는 청소년 자살행동에 대한 생활스트레스와 심리사회적 자원의 영향에 대한 양적 설문조사에 앞서, 청소년 자살행동의 위험요인과 보호요인에 대한 이해를 향상시키고, 양적연구를 위한 가설을 도출하고자 하는 목적을 가진다.

질적 면접조사를 위해서는 Strauss와 Corbin의 근거이론(grounded theory) 방법을 사용하였다. 근거이론은 연구과정을 통해 체계적으로 수집되고 분석된 자료에서 나오는 이론을 말하며, 이 방법에서 자료수집, 분석, 그리고 최종 이론은 서로 밀접한 관계를 맺게 된다. 연구자는 이론적 표본추출, 지속적 비교 및 코딩을 수행하게 되는데, 이론적 표본추출은 출현하는 개념에 근거하여 표본을 추출하는 것으로서 개념의 속성을 변화시키는 차원의 범위 및 다양한 조건을 탐색할 목적으로 이루어진다. 그리고 지속적 비교는 사건을 명확히 하기 위해 사건 대 사건을 비교할 뿐만 아니라 속성과 차원에 대한 사고를 촉진하고 이론적 표본추출을 하기 위해 수행된다. 그리고 코딩은 자료를 분해하고, 개념화하고, 이론을 형성하도록 통합시키는 분석과정이다(신경림, 2001).

제1절 조사대상자 선정

본 연구에서 밝히고자 하는 청소년 자살행동에 대한 생활스트레스와 심리사회적 자원의 영향은 일반인구집단을 대상으로 하는 것이다. 그러나 조사대상자에 대한 접근의 한계로 인하여 자살행동의 문제를 많이 경험하는 것으로 알려진 쉼터거주 청소년을 대상으로 조사대상자를 선정하였다.

조사대상자는 이론적 표집방법에 의하여 선정하였는데, 서울에 소재한 남자 청소년 쉼터 1개소와 여자 청소년 쉼터 2개소를 접촉하여 쉼터 사회복지사로부터 심각한 자살생각 및 자살시도를 경험한 청소년들을 의뢰받았다. 그리고 조사에 동의한 만 15세에서 만 18세까지의 남자 청소년 4명, 여자 청소년 4명 등 총 8명을 면접하였다. 자세한 내용은 다음의 〈표 3-1〉에 제시한 바와 같다.

〈표 3-1〉 질적 면접 조사대상자 구성

기 관	인원(명)
남자 청소년 쉼터	4
여자 청소년 쉼터 A	3
여자 청소년 쉼터 B	1
총 인원	8

제2절 자료수집 방법

조사를 실시하기 전에 선행연구문헌을 검토하고, 자살문제를 상담하는 인터넷 사이트를 통하여 사례를 읽음으로써 조사대상자에 대한 민감성을 향상시키기 위하여 노력하였다. 면접은 2004년 2월 14일부터 3월 17일까지 진행하였으며, 조사대상자 1인당 약 50분 내지 60분이 소요되었다. 면접일시와 장소는 조사대상자의 의견을 존중하여 결정하였다.

면접의 도입부에서는 연구의 목적을 설명함으로써 면접에 대한 편견과 낙인감을 줄이고자 노력하였다. 이어서 미리 준비된 면접항목을 중심으로 면접을 진행하였으며, 조사대상자의 동의를 얻어 면접내용을 녹음하였다. 면접 종료 후 즉시 조사대상자의 감정변화와 태도, 면접장소와 주위환경에 대한 정보 및 추가해야 할 질문 등을 기록하였고 면접을 실시한 당일에 녹음내용을 필사하였다. 주요 면접항목은 다음과 같다.

〈주요 면접 항목〉

1. 자살을 심각하게 생각하거나 시도한 때에 어떠한 어려움이 있었는가?
2. 그 때에 자신에 대한 생각과 느낌은 어떠하였는가?
3. 자살 외에 어떤 방법으로 문제를 해결하기 위하여 노력하였는가?
4. 도움을 줄 사람은 주위에 누가 있었으며 어떤 도움을 받았는가?
5. 스트레스를 극복하기 위하여 어떠한 시도를 해 보았는가?
6. 실제로 자살을 하지 않은 이유는 무엇인가?
7. 지금은 자살에 대하여 어떻게 생각하는가? 그 이유는 무엇인가?

제3절 자료분석 방법

자료분석은 개방코딩, 축코딩, 선택코딩 등 근거이론 방법의 절차대로 진행하였다. 먼저 원자료의 의미를 이해하고, 의미 있는 진술에 대해서는 줄

단위 분석방법을 사용하여 개념을 명명하였다. 개념의 명명은 대부분 대상자의 진술을 연구자가 추상적으로 해석함으로써 이루어졌다. 이어서 개념들의 공통적인 속성을 발견하여 범주화하였으며, 범주 간의 관계를 분석하였다. 그리고 근거이론의 패러다임 모형에 의해 인과적 조건, 중심현상, 맥락적 조건, 중재적 조건, 작용/상호작용의 전략, 결과의 관계를 연결하였으며, 구조와 과정의 관련성을 보여주기 위한 과정분석을 실시하였다. 선택코딩에 있어서는 양적연구와의 연결을 고려하여 핵심 범주 등을 제외한 이야기 개요 및 가설적 관계진술 등을 제시하였다. 이를 그림으로 나타내면 다음과 같다.

〈그림 3-1〉 질적 면접자료 분석방법

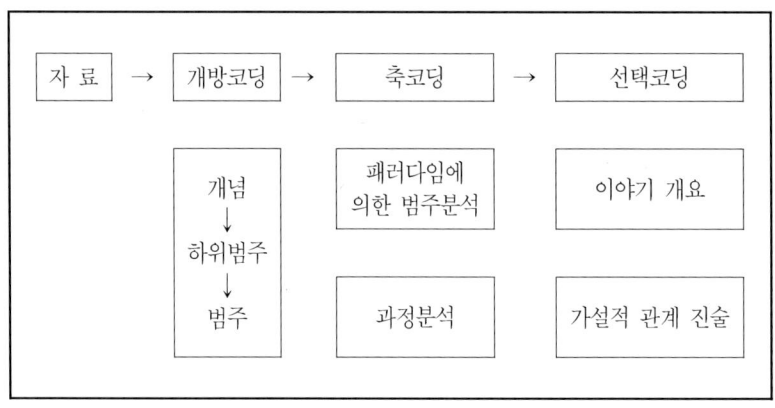

제4절 질적 면접조사 결과

먼저 조사대상자의 일반적 특성을 제시하고, 근거자료를 범주화하는 개방코딩, 패러다임에 의한 범주분석과 과정분석으로 이루어진 축코딩, 이야기 개요와 가설적 관계진술로 이루어진 선택코딩의 순서로 제시하기로 한다.

1. 조사대상자의 일반적 특성

조사대상자는 만 15세에서 만 18세까지의 남자 청소년 4명, 여자 청소년 4명 등 총 8명이다. 학력은 중학교 재학 2명, 중학교 자퇴 4명, 중학교 졸업 2명이다. 자살행동의 유형별로 보면 심한 자살생각 1명, 자살계획 3명, 자살시도 4명 등이다. 그리고 조사대상자의 7명이 구조적 결손이 있는 가족에 속해 있다. 보다 자세한 사항은 다음의 〈표 3-2〉에 제시된 바와 같다.

〈표 3-2〉 질적 면접 조사대상자의 일반적 특성

번호	성별	연령	학력	자살 행동	가출 전 동거가족
1	남	16	중2자퇴	생각 많음	부(45세) 회사원 / 남동생(9세) 초등3년 삼촌(39세) 회사원 / 모(39세) 12세 때 이혼
2	남	16	중졸	시도 1회	부(39세) 무직 형(19세) 아르바이트 / 부모는 3세 때 이혼
3	남	18	중졸	시도 2회	백부(50세) 건축일 / 백모(50세) 파출부 사촌형(29세) 회사원 / 부모는 5세경에 이혼
4	남	17	중2자퇴	시도 1회	의부(69세) 무직 / 생모(45세) 가사 형(30세) 회사원 / 형(28세) 회사원 친부는 3세경 사망
5	여	16	중2자퇴	계획 2회	모(41세) 식당일 / 남동생(13세) 중1재학 부는 초등2년 때 교통사고로 사망
6	여	18	중3자퇴	계획 2회	부(41세) 정미소 근무 여동생(16세) 고1재학 여동생(10세) 초4재학 / 부모는 2003년 이혼
7	여	15	중3재학	시도 3회	부(46세) 시각장애 1급 / 모(36세) 정신지체 남동생(12세) 정신지체 특수반 남동생(7세) 시각장애 특수반
8	여	17	중2재학	계획 8회	부(43세) 운전기사 / 모(42세) 식당일 부모는 11세 때 이혼

2. 개방코딩 : 근거자료의 범주화

본 연구에서는 지속적 비교를 사용하여 얻은 자료로부터 34개의 개념을
발견하였다. 개념을 나타내는 사례가 여러 개 있는 경우에는 그 중 개념을
가장 잘 보여줄 수 있는 것을 대표적으로 제시하였다. 그리고 개념들을 보
다 추상적인 16개의 하위범주로 분류하였다. 그리고 이로부터 생활스트레스
사건, 고통, 생존자원의 이용가능성, 심리사회적 자원의 이용가능성, 회피
및 자살 행동 등 6개의 범주를 도출하였다. 자세한 사항은 〈표 3-3〉에 제
시된 바와 같다.

〈표 3-3〉 근거자료의 범주화

범 주	하위범주	개 념
생활스트레스 사건	가족간의 불화	부모의 싸움, 가족 전체의 싸움
	부모의 지나친 간섭	공부에 대한 강요, 사생활에 대한 간섭
	학대와 방임	신체적 학대, 정서적 학대, 방임
	친구와의 갈등	친구와의 단절, 친구와의 다툼
고 통	정신적 고통	묶여 있는 기분, 답답함, 소외감
	신체적 고통	춥고 배고픔
생존자원의 이용가능성	자원이 없음	갈 곳이 없음, 돈이 없음
심리사회적 자원의 이용가능성	자기존중감의 저하	잘하는 것이 없음, 출생에 대한 비난
	문제해결능력의 부재	죽음을 문제해결방법으로 인식함
	사회적 지원의 결여	아버지에 의한 지원의 결여, 어머니에 의한 지원의 결여, 친구에 의한 지원의 결여, 친척에 의한 지원의 결여
회 피	분노의 억압	죽이고 싶음, 폭력을 하고 싶음
	절 망	앞길이 막막함, 미래에 대한 확신이 없음
	우 울	수면장애와 식욕부진, 눈물 흘림
자살행동	자살생각	죽음을 바람, 사후세계에 대한 생각
	자살계획	자살사이트 방문, 자살도구 준비
	자살시도	자살도구 사용, 타인 앞에서의 자해 행동

1) 생활스트레스 사건

모든 면접조사 대상자들은 일상생활에서 매우 높은 수준의 스트레스를 경험하였다고 진술하였다. 생활스트레스 사건이 발생하는 영역은 모두 가정이었는데, 이것은 조사대상자들이 가출이라는 공통적인 특성을 가지고 있기 때문인 것으로 볼 수 있다. 따라서 일반인구집단의 경우에는 생활스트레스 사건이 발생하는 영역이 이들과는 다를 수 있다. 한편 조사대상자의 일부는 친구관계의 스트레스를 중복적으로 경험한 것으로 나타났다. 조사대상자들이 겪는 생활스트레스 사건 범주는 가족간의 불화, 부모의 지나친 간섭, 학대와 방임, 친구와의 갈등 등의 하위범주로부터 도출되었으며 자세한 내용은 다음과 같다.

① 가족간의 불화

일반적으로 가족은 정서적 지원의 근원으로 이해된다. 그러나 다음에서 보는 바와 같이 조사대상자들이 속한 가정에서는 부모뿐만이 아니라 자녀가 포함된 싸움이 빈발하는 것으로 나타났다. 이러한 부모의 싸움, 가족 전체의 싸움 등의 개념은 가족간의 불화라는 하위범주로 명명하였다.

　부모의 싸움

엄마하구 아빠하구 자주 싸웠어요. 아빠가 노는 걸 좋아해서 엄마하구 자주 싸우는데, 그게 하루 이틀도 아니고요. 그래서 집에 있는 것이 정말 지겨웠어요. (사례 6)

　가족 전체의 싸움

동생이 잘못해서 내가 뭐라고 하면, 엄마가 나보고 막 욕을 하고, 엄마가 아빠한테 일러요. 그러면 나도 엄마, 아빠한테 대들고 그러다 보면 식구들이 다같이 소리를 지르면서 싸워요. (사례 7)

② 부모의 지나친 간섭

자녀에 대한 부모의 간섭은 애정과 보살핌의 표현일 수 있다. 그러나 자녀의 의사가 존중되지 않고 부모에 의하여 일방적으로 주어지는 지도나 지시는 자녀에게는 단지 '간섭'일 수 있다. 다음에서 보는 바와 같이 조사대상자들은 부모의 태도를 '강요' 또는 '간섭'으로 여기고 있음을 알 수 있다. 부모의 지나친 간섭이라는 하위범주는 공부에 대한 강요, 사생활에 대한 간섭의 개념으로부터 도출되었다.

공부에 대한 강요

나는 하고 싶은 일이 따로 있는데, 엄마가 못하게 하고, 엄마 마음대로 공부하라고 해요. 그러면 화가 나서 말대꾸하면 때리고   내 생각에는 나는 공부하고 안 맞거든요. 하기 싫은 걸 어떻게 하냐고요?   (사례 5)

사생활에 대한 간섭

엄마가 일일이 이거 하라, 저거 하라 그러면 신경질이 나서 엄마하고 싸우게 되고 그러다가 집에서 확 나와 버려요. (사례 4)

③ 학대와 방임

학대와 방임의 부정적 결과는 널리 인식되어 왔다. 다음에서 보는 바와 같이 조사대상자들은 신체적, 정서적 학대를 경험하였고 일부는 방임의 경험도 있었다. 학대와 방임이라는 하위범주는 신체적 학대, 정서적 학대, 방임 등의 개념으로부터 도출되었다.

신체적 학대

아빠가 술 먹고 들어와서 꼬투리 잡아서 때리고 아무거나 잡히는 대로 집어던져요. 어떨 때는 형하고 싸우면 아빠한테 얻어맞고, 아빠가 딴 데로 가면 형한테 '너 때문이다'면서 또 맞고   (사례 2)

정서적 학대

큰 엄마하고 큰 아버지하고 동네 사람들한테 나를 험담하고   큰 엄마가 '네 애비가 나쁜 놈이라 네 엄마하고 이혼한 것이다. 네 애비가 내 폐물 훔쳐서 도망가고 바람피우고 그러니까 그런 거지'라면서   많이 울었어요. 나는 보지도 못한 부모인데, 억울하죠. (사례 3)

방임

초등학교 3학년 때 부모가 4~5일 정도 집에 안 들어 온 적이 있는데, 배가 너무 고파서 차라리 죽고 싶었어요. 그러다가 엄마가 집을 나갔는데 사람

들이 '쟤는 엄마도 없고　' 그런 얘기 들으면　(눈물을 흘림) (사례 1)

④ 친구와의 갈등

친구와의 좋은 관계는 청소년으로 하여금 자기존중감을 향상시키고 정서적 안정감을 갖게 하는 중요한 요소이다. 반면 친구와의 좋지 않은 관계는 청소년에게 매우 큰 스트레스로 작용할 수 있다. 그런데 다음에서 보는 바와 같이 조사 대상자의 일부는 가정생활에서의 스트레스뿐만이 아니라 친구관계에서도 심한 스트레스를 경험하는 것으로 나타났다. 친구와의 갈등이라는 하위범주는 친구와의 단절, 친구와의 다툼이라는 개념으로부터 도출되었다.

친구와의 단절

친하다고 생각한 친구가 나에 대해서 안 좋은 얘기를 퍼뜨렸어요. 그래서 화가 나고 우울하기도 하고　혼자 덩그러니 남겨진 것 같았어요. (사례 6)

친구와의 다툼

아침에 기분 나쁜 상태로 학교에 갔는데, 친구가 건드려서 의자로 내리쳤어요. 그 친구는 이마를 몇 바늘 꿰맸어요. 그 당시 기분은 풀렸지만 그 일로 많이 힘들었어요. (사례 3)

2) 고　통

일반적으로 자녀들은 부양자로부터 신체적 기능의 유지와 발달에 필요한 의식주와 정신적·사회적 발달에 필요한 정서적 지원과 지도를 제공받을 것으로 기대된다. 나아가 신체적·지적·사회적 측면에서 급격한 발달단계에 진입하고, 자기정체감을 확립해야 하는 청소년들에게는 적절한 자율성 또한 제공되어야 할 것이다. 그러나 조사대상자들은 그러한 욕구를 충족하지 못하는 환경 속에서 극심한 고통을 경험한 것으로 나타났다. 이로부터 정신적 고통과 신체적 고통이라는 하위범주가 도출되었고, 이는 보다 추상적인 수준의 고통이라는 범주로 명명되었다. 자세한 내용은 다음과 같다.

① 정신적 고통

정신적 안녕은 인간 누구에게나 중요한 요소이다. 특히 자기정체감을 확립해야 하는 과업을 달성할 것으로 기대되는 청소년기에 있어서 적절한 수준의 자율성과 원만한 대인관계는 매우 중요하다. 그러나 다음에서 보는 바와 같이 조사대상자들은 무엇인가에 의하여 구속되어 있는 느낌과 소외감을 경험한 것으로 나타났다. 정신적 고통이라는 하위범주는 묶여 있는 기분, 답답함, 소외감의 개념으로부터 도출되었다.

묶여 있는 기분

나는 왜 사나? 이렇게 살아서 뭐하나? 하고 싶은 일도 많은데 이렇게 살아야 하는가? 그물 속에 갇혀 있는 것 같아요. (사례 6)

답답함

집에 들어가면 가슴이 꽉 막혀요. 살 곳이 아닌 것 같아요. 어떤 때는 집에 들어가기 전에 동네를 몇 바퀴 돌다가 들어가요. 집안이 조용해도 가슴에 뭐가 꽉 들어가 있는 것 같아요. (사례 8)

소외감

친구들하고 어울리지 못하고 혼자 지내니까 힘들더라구요. 창피하기도 하고 내가 침울해 보여서 그랬는지 몰라도 아무도 다가오지 않았어요. (사례 6)

② 신체적 고통

의식주는 인간의 생존에 필수적인 요소이다. 이러한 요소의 결핍은 신체적 고통을 야기할 수 있다. 다음에서 보는 바와 같이 조사대상자들은 학대와 방임 및 가출로 인하여 신체적 고통을 경험하였다. 춥고 배고픔이라는 개념을 보다 추상적인 신체적 고통이라는 하위범주로 명명하였다.

춥고 배고픔

큰 엄마하고 큰 아버지가 툭하면 '부모도 없는 놈아', '나가 죽어라. 죽지 뭣 하러 사냐, 네가 쫓겨나면 갈 데나 있냐?'고 해서 중3 때 가출을 했는데, 저녁 때 춥고 배고프고 잘 데도 없고 그래서 막막했어요. (사례 3)

중1 때, 겨울이었는데 집을 나왔는데 추운데 갈 데도 없고, 사는 게 너무 힘들다고 생각했어요. (사례 2)

3) 생존자원의 이용가능성

누구나 생존을 하기 위해서는 의식주를 이용한다. 그러나 조사대상자들은 부양자로부터 의식주를 제공받지 못함은 물론 스스로 의식주 문제를 해결할 능력도 없다. 즉, 이들 청소년들은 생존에 필요한 자원을 이용할 수 없는 조건 하에 놓여 있는 것이다. 자원이 없음이라는 하위범주는 보다 추상적인 생존자원의 이용가능성이라는 범주로 명명하였다. 자세한 내용은 다음과 같다.

① 자원이 없음

다음에서 보는 바와 같이 조사대상자들은 정신적 및 신체적 고통을 야기하는 가정으로부터 벗어나고자 하여도 이들에게는 의식주를 제공받을 수 있는 지원체계가 결핍되어 있다. 자원이 없음이라는 하위범주는 갈 곳이 없음과 돈이 없음의 개념으로부터 도출되었다.

갈 곳이 없음

어디로 도망가고 싶어도 갈 데가 없었어요. 친구네 집에 가도 며칠 있다가는 나와야 되니까 할 수 없이 집에 오면 '집을 나갔다'면서 또 맞고 그랬어요 (사례 8)

돈이 없음

방안에서 계속 울다가 집에서 나왔어요. 주머니에 몇 천 원이 있었는데 그걸로 빵이랑 과자 사먹고 건물 계단에 쪼그려 앉아 있다가 (집으로) 들어왔어요. 돈이 없으니까 어쩔 수가 없었죠. (사례 4)

4) 심리사회적 자원의 이용가능성

다음에서 보는 바와 같이 조사대상자들에게는 고통을 중재하기 위해 필요한 심리사회적 자원이 결여되어 있다. 심리사회적 자원의 이용가능성이라는 범주는 자기존중감의 저하, 문제해결능력의 부재, 사회적 지원의 결여 등의 하위범주로부터 명명되었다.

① 자기존중감의 저하

자기존중감은 자신에 대한 평가내용으로서 개인이 삶을 영위하는데 매우 지대한 영향을 미친다. 높은 자기존중감은 보다 높은 삶의 만족과 관련되는 반면 낮은 자기존중감은 낮은 삶의 만족과 관련될 뿐만 아니라 사회적 철회 등을 초래할 수도 있다. 다음에서 보는 바와 같이 조사대상자들에게는 잘하는 것이 없음, 출생에 대한 비난의 개념이 발견되며, 이는 자기존중감의 저하라는 하위범주로 명명되었다.

　　잘하는 것이 없음

내가 잘하는 것이라도 있으면 내가 지금처럼 이럴까?　　아무도 나한테 관심을 가져 주지 않으니까 비참하죠　. (사례 4)

　　출생에 대한 비난

당연히 나에 대해서 만족감은 없어요. 엄마가 나를 왜 태어나게 했나 그런 생각이 들었어요. (사례 7)

② 문제해결능력의 부재

면접조사의 대상자 중에서 3명은 가족이나 가까운 친척이 자살을 한 적이 있으며, 3명은 부모 등으로부터 '차라리 죽어라' 또는 '다같이 죽자'는 이야기를 종종 들으면서 생활해 왔다. 이러한 경험은 대상자들로 하여금 의식적 또는 무의식적으로 자살을 자신의 고통스러운 상황을 벗어날 수 있는 방법으로 인식하도록 영향을 미쳤을 수 있다. 조사대상자에게는 효율적인 방법으로 문제를 해결할 수 있는 능력이 결여되어 있었으며, 이러한 문제해결능력의 부재라는 하위범주는 죽음을 문제해결방법으로 인식함의 개념으로부터 도출되었다. 자세한 내용은 다음과 같다.

　　죽음을 문제해결방법으로 인식함

엄마 아빠가 싸우고 우리가 학교 안 다니고 속 썩이면 엄마가 '차라리 다 죽자' 그런 얘기 자주 들었어요. 엄마하구 아빠하구 농약 마신 적도 있어요. 힘들면 죽을 수도 있을 것 같아요. 나도 농약을 마시려고 한 적이 있고요. (사례 6)

엄마가 자살을 시도한 적이 있는데, 엄마는 힘들 때마다 '그때 죽었어야 되는데 왜 살렸냐?'고 얘기했어요. 지금은 좀 달라진 것 같지만 힘들 땐 죽고 싶다는 생각만 들어요. 실제로 죽으려고 한 적도 있죠. (사례 7)

③ 사회적 지원의 결여

사회적 지원은 지지원과 지원의 내용 등의 측면에서 살펴볼 수 있다. 결과분석에 있어서는 부모와 친구 등 지지원을 기준으로 개념을 구분하면서 여기에 지원의 내용이 포함되도록 하였다. 다음에서 보는 바와 같이 조사대상자들에 대한 사회적 지원은 지원망의 크기와 지원의 내용 모두가 부족한 상태이다. 이들이 경험하는 부모, 친구 및 친척에 의한 지원의 결여 등의 개념은 보다 추상적인 사회적 지원의 결여라는 하위범주로 명명하였다.

아버지에 의한 지원의 결여

다른 애들이 자기 아빠하고 친한 걸 보면 이상하기도 하고, 부럽기도 해요. 아빠하고는 잘 대화가 안 돼요. 아빠가 하는 말은 '물 가져와라, 왜 늦게 들어왔냐?' 뭐 이런 식이죠. (사례 8)

어머니에 의한 지원의 결여

엄마가 따뜻하다고 느낀 적은 없어요. 동생한테는 다른 것 같지만 나한테는 나쁘게 대했어요. 만날 서로 싸우고. (사례 5)

친구에 의한 지원의 결여

내가 엉망이어서 그런지 친구들도 나를 멀리 하는 것 같았어요. 진짜 속마음을 나눌 친구라도 있었더라면 내가 좀 달라졌을지도 모르죠. (사례 3)

친척에 의한 지원의 결여

외가 쪽은 전혀 모르고 친가 쪽은 고모나 삼촌이 명절 때 만나서 돈이나 몇 푼 쥐어주는 게 전부죠. 도와주는 사람도 없고 따뜻함을 느끼게 해 주는 사람도 없고   (사례 3)

5) 회 피

가정에서 고통을 겪는 청소년들이 선택할 수 있는 대안으로는 사회복지기관에 상담을 요청하거나 쉼터에 입소하는 것 등이 있을 것이다. 그러나 조사대상자들은 자기존중감, 문제해결능력 및 사회적 지원 등의 심리사회적 자원을 이용할 수 없으므로, 자신의 문제상황에 대해 직면하기보다는 고통이라는 현상에 대한 전략으로서 분노를 억압하거나, 절망을 하거나, 우울을 경험하게 된 것으로 이해할 수 있다. 다음에 제시한 분노의 억압, 절망, 우울 등의 하위범주는 회피라는 범주로 명명하였다.

① 분노의 억압

감정은 적절히 표현될 필요가 있다. 분노라 할지라도 효율적인 의사소통 방법을 통하여 표현될 필요가 있다. 그러나 다음에서 보는 바와 같이 이들 청소년들은 자신에게 고통을 주는 사람들에 대한 분노를 털어 놓을 수단과 방법을 가지고 있지 못하며, 분노를 억압하고 있었다. 분노의 억압이라는 하위범주에는 죽이고 싶음과 폭력을 하고 싶음 등의 개념이 포함된다.

죽이고 싶음

큰 엄마도 죽이고 싶고, 침대에서 자는 사촌형에게도 '저걸 칼로 찌르고 싶다. 칼 꽂으면 죽을까? 안 죽을까?' 생각했어요. (사례 3)

폭력을 하고 싶음

엄마 들으라고 심한 욕을 하고 나오죠. 더 심하게 하려다가 그냥 참았어요. 어떤 때는 방안에서 물건을 막 던져요. 차라리 아버지가 앞을 보기라도 하면 덜 참을지도 모르죠. 불쌍한 마음도 있고 그러니까 그 정도로 그만 두었던 것 같아요. (사례 7)

② 절 망

희망은 현재의 삶에 활력을 불어넣을 뿐만이 아니라 미래에 대한 설계를 가능하게 하는 삶의 원동력이 된다. 그러나 절망은 자살행동을 예측하는 무망감 우울(hopelessness depression)을 야기할 수도 있다. 다음에서 보는 바와 같이 조사대상자들은 자살행동을 경험하던 시기에 앞길이 막막하고 미래에 대한 확신이 없음을 느꼈다. 이러한 개념은 절망이라는 하위범주로 명명되었다.

앞길이 막막함

요새는 검정고시를 준비하니까 괜찮아요. 그 전에는 뭘 해야 할지 알지도

못하고 한마디로 막막한 거죠. 그냥 하루하루 지나가는 거죠. 재미있는 것
도 없고, 할 수 있는 것도 모르겠고. (사례 5)

　　미래에 대한 확신이 없음

　앞으로도 힘들면 죽고 싶다는 생각할 것 같아요. 배고프고 힘들면 아무
생각도 안 나요. 여기에 있는 형들 얘기 들으면 19세만 되면 일을 할 수
있다고, 몇 년 만 있으면 된다고 그러더라고요. 그렇지만 그건 그때 일이고,
그래도 지금은 지금이잖아요. (사례 2)

　③ 우　울

　우울은 단일요인으로는 자살행동을 설명하는 가장 강력한 요인이다. 그리
고 스트레스와 우울의 관계는 잘 확립되어 있다. 다수의 조사대상자들은 우
울증상을 경험하였으며, 이들이 경험한 수면장애와 식욕부진 및 눈물 흘림
등의 개념은 우울이라는 하위범주로 명명하였다. 자세한 내용은 다음과 같다.

　　수면장애와 식욕부진

　우울증 때문에 병원 다닌 적도 있어요. 밥도 잘 못먹고 잠도 못자요. 무
슨 일이 있어도 짜증부터 나죠. (사례 5)

　　눈물 흘림

　가족끼리 자주 싸우니까 우울해지더라고요. 정신과 치료를 받은 적도 있
어요. 지금까지 행복한 적은 없어요. 밝은 내색을 하긴 하지만　　남이 안
보는 곳에서 자주 울기도 해요. (사례 7)

6) 자살행동

　자살은 인간이 선택할 수 있는 가장 극단적인 방법으로 이해된다. 다음에
서 보는 바와 같이 조사대상자들은 문제에 대한 해결책을 모색하기보다는
고통을 회피하는 태도를 취함으로써 자살행동에 이른 것으로 보인다. 자살
행동은 여러 가지 형태의 하위유형으로 나누어 볼 수 있는데, 여기서는 행
동의 표현여부를 기준으로 하여 행동으로 표현되지 않은 형태를 자살생각이
라고 명명하였고, 행동적 표현이 있으나 자해에는 이르지 않은 형태를 자살

계획이라고 명명하였다. 또한 자해적 행동을 자살시도로 명명하였다. 자살생각, 자살계획, 자살시도 등의 하위범주는 자살행동의 범주로 명명하였다.

① 자살생각

다음에서 보는 바와 같이 자살생각이라는 하위범주에는 죽음을 바람, 사후세계에 대한 생각 등의 개념들이 포함된다. 조사대상자 중에서 1명만이 자살생각에 머물렀으며, 다른 7명은 자살생각과 함께 더 심각한 자살행동을 경험한 것으로 나타났다.

죽음을 바람

중1 때 '차에 부딪혀 죽었으면' 하고 바랐는데 실제로 죽으려고 한 것은 아닌데 차에 부딪히는 일이 일어났어요. 그런데 다치지는 않았어요. (사례 1)

사는 게 힘들어서 '죽으면 다 끝나는 일인데　' 하고 생각했는데 죽지도 못하고　(사례 3)

사후세계에 대한 생각

'죽으면 어떤 세계가 펼쳐질까?' 하고 생각했죠. (사례 4)

② 자살계획

자살계획이라는 하위범주에는 자살사이트 방문, 자살도구 준비 등의 개념들이 포함된다. 이 하위범주는 행동적 차원을 일컫지만 실제적인 자해는 포함되지 않는다. 조사대상자 중에서 3명이 자살계획을 경험한 것으로 나타났으며, 자세한 사항은 다음과 같다.

자살사이트 방문

실제로 자살시도를 한 적은 없지만 생각은 많이 했어요. 자살사이트를 방문한 적도 있어요. (사례 5)

자살도구 준비

한 번은 수면제 준비하고, 한 번은 칼 준비했어요. 근데 막상 하려니 무서웠어요. (사례 6)

17세 때 아파트 13층에 올라가서 죽으려고 했는데 무서워서 포기했어요. 그 후에도 사는 게 힘들어서 수면제 10알을 모은 적도 있어요. (사례 8)

③ 자살시도

자살시도라는 하위범주는 자살도구 사용, 타인 앞에서의 자해행동의 개념으로부터 도출되었다. 조사대상자 중에서 4명이 1회 이상 자살시도를 경험하였으며 그 중 1명은 3회에 걸쳐 자살시도를 한 경험이 있다고 보고하였다. 자세한 사항은 다음과 같다.

　자살도구 사용

정신과에서 받은 약을 한꺼번에 다 먹은 적도 있고, 끈으로 목을 맨 적도 있는데 힘이 들어서 풀어 버렸어요. 우울할 때마다 팔에 칼은 자주 대요. (사례 7)

　타인 앞에서의 자해행동

중2 때 농약 마신 적 있어요. 채팅으로 만난 누나가 응급실에 데려가서 살았어요. 자살하려고 할 때 친구들이 말린 적 많아요. (사례 2)

3. 축코딩

1) 패러다임에 의한 범주분석

개방코딩에 의하여 분해되었던 자료를 패러다임 모형에 의하여 재조합하면 다음과 같다.

인과적 조건은 '생활스트레스 사건'이다. 이것은 빈도 에 따라 많음과 적음의 차이를 나타냈다.

그에 의한 현상은 '고통'인 것으로 나타났다. 고통은 그 정도 에 따라 심함과 약함의 차이를 나타냈다.

맥락적 조건은 '생존자원의 이용가능성'이고, 그 정도 에 따라 높음과 낮음의 차이를 나타냈다.

중재적 조건은 '심리사회적 자원의 이용가능성'이며, 그 정도 에 따라 높음과 낮음의 차이를 나타냈다.

작용 / 상호작용 전략은 '회피'이며, 속성은 정도 로서 심함과 약함의 차
이를 나타냈다.

결과는 '자살행동'이며, 속성은 행동적 표현 으로서 생각, 계획, 시도 등
이 포함된다.

〈표 3-4〉 각 범주의 속성과 차원

범 주	속 성	차 원
생활스트레스 사건	빈 도	많음 —— 적음
고 통	정 도	심함 —— 약함
생존 자원의 이용가능성	정 도	높음 —— 낮음
심리사회적 자원의 이용가능성	정 도	높음 —— 낮음
회 피	정 도	심함 —— 약함
자살행동	행동적 표현	생각 — 계획 — 시도

2) 과정분석

과정분석은 조사대상자들의 대처행동에 대한 이해를 도와주고 행동을 예
측하는데 도움을 준다. 본 연구를 통해서 볼 때, 조사대상자들은 심각한 수
준의 부모의 싸움, 가족구성원 간의 싸움, 공부에 대한 부모의 강요, 사생
활에 대한 간섭, 신체적 · 정서적 학대와 방임 및 친구와의 갈등 등의 생활
스트레스 사건과 그로 인한 고통을 경험한다. 그러나 이들은 그러한 고통을
벗어나는 데 필요한 생존자원, 즉 먹을 것과 잠잘 곳 등의 자원을 가지고
있지 못하다. 그리고 그들은 저하된 자기존중감, 문제해결능력의 부재 및
부모와 친구 등에 의한 사회적 지원의 결여 등 문제해결에 도움이 되는 심
리사회적 자원을 가지고 있지 못하다. 따라서 조사대상자들은 분노의 억압,
절망, 우울 등의 회피적인 전략을 사용하게 되고, 결국은 문제해결의 가장
극단적인 형태라고 할 수 있는 자살행동에 이르게 된 것으로 보인다.

〈그림 3-2〉 자살행동에 이르는 과정

생활 스트레스	→	고통	→	회피	→	자살행동
생존자원의 부재 · 심리사회적 자원의 부재						

4. 이야기 개요 및 가설적 관계 진술

1) 이야기 개요

청소년의 자살행동은 신체적, 정신적인 고통으로부터 벗어나기 위한 방법으로 보인다. 조사대상자들은 가족간의 불화, 부모의 지나친 간섭, 신체적·정서적 학대와 방임 및 친구와의 갈등을 심각한 수준으로 경험하지만, 적절한 대처방안을 찾아내지 못한다. 그들은 생존에 필요한 의식주를 구할 수 없기 때문에 가출을 하여도 오래 지나지 않아 집으로 들어가야 하며, 생활스트레스는 계속된다. 그러나 자기존중감의 저하, 문제해결능력의 미흡함, 사회적 지원의 불충분 등으로 분노의 억압, 절망, 우울 등 회피적 행동을 하게 된다. 그리고 결국은 자살에 대하여 생각하게 되고, 죽을 목적으로 또는 고통을 표현하기 위한 방법으로 자살을 계획하거나 자살을 시도하게 된다. 이들은 가출을 하여 쉼터에서 생활하게 된 후에는 자살행동을 하지 않는다고 하였는데, 그 이유는 '죽기에는 아직 어리다', '하고 싶은 일도 많은데, 내가 왜 죽나?'라는 생각을 하게 되었기 때문이라고 한다. 이러한 생각들은 조사대상자들이 쉼터에서 의식주를 제공받고, 사회복지사로부터 정서적 위로와 진로에 대한 상담을 받음으로써 삶의 희망을 발견하게 되었기 때문이라고 볼 수 있다. 만일 고통스러운 상황이 재현된다면 여전히 '죽고 싶을 것 같다'고 말하였으나, 이제는 고통스러운 가정으로 돌아가지 않을 것이므로 그러한 상황은 오지 않을 것이라고 말하였다.

2) 가설적 관계 진술

지금까지의 분석을 토대로 가설적 관계를 제시하면 다음과 같다.

첫째, 심각한 생활스트레스사건으로 고통을 경험할 때, 생존자원이나 심리사회적 자원을 이용할 수 없다면, 자살행동을 하게 될 가능성이 증가할 것이다.

둘째, 심각한 생활스트레스사건으로 고통을 경험할 때, 생존자원이나 심리사회적 자원을 이용할 수 있다면, 자살행동을 하게 될 가능성이 감소할 것이다.

제5절 논 의

조사대상자들은 생활스트레스 사건으로 인한 고통을 경험하고 있으며, 회피 전략을 통하여 자살행동을 경험하는 것으로 나타났다. 그리고 이들에게는 생존자원 및 자기존중감, 문제해결능력, 사회적 지원 등의 심리사회적 자원이 결핍되어 있다.

물론 본 면접조사의 대상자는 쉼터에 거주하는 가출청소년이므로 일반 인구집단에 속한 청소년의 생활스트레스 사건과는 차이가 있을 수 있다. 그러나 자살행동에 대한 심리사회적 자원의 중재 효과는 일반인구집단을 대상으로 한 선행연구들에서도 충분히 입증되어져 왔다.

이에 본 연구에서는 자살행동에 대한 생활스트레스와 심리사회적 자원의 영향에 대한 가설적 관계를 일반인구집단에 대하여 일반화시켜 보고자 한다. 여기서 생활스트레스는 면접조사에서 드러난 생활스트레스 사건과 그로 인한 고통을 포함하며, 생존자원과 회피전략은 연구목적 상 연구모형에서 제외하기로 한다.

제 4 장

양적 설문조사 방법 및 분석결과

제1절 연구가설

지금까지 살펴본 선행연구와 질적 면접조사 결과를 기초로 하여 청소년의 자살행동에 대한 생활스트레스, 자기존중감, 문제해결능력, 부모와 친구에 의한 사회적 지원 등의 관계에 대한 다음과 같은 가설을 수립하였다.

가설 1: 생활스트레스가 증가할수록 자살행동이 증가할 것이다.

　　1-1. 생활스트레스가 증가할수록 자살생각이 증가할 것이다.

　　1-2. 생활스트레스가 증가할수록 자살계획이 증가할 것이다.

가설 2: 자기존중감은 자살행동에 대한 생활스트레스의 영향을 감소시킬 것이다.

　　2-1. 자기존중감은 자살생각에 대한 생활스트레스의 영향을 감소시킬 것이다.

　　2-2. 자기존중감은 자살계획에 대한 생활스트레스의 영향을 감소시킬 것이다.

가설 3: 문제해결능력은 자살행동에 대한 생활스트레스의 영향을 감소시킬 것이다.

3-1. 문제해결능력은 자살생각에 대한 생활스트레스의 영향을 감소시킬 것이다.

3-1. 문제해결능력은 자살계획에 대한 생활스트레스의 영향을 감소시킬 것이다.

가설 4: 아버지 지원은 자살행동에 대한 생활스트레스의 영향을 감소시킬 것이다.

4-1. 아버지 지원은 자살생각에 대한 생활스트레스의 영향을 감소시킬 것이다.

4-2. 아버지 지원은 자살계획에 대한 생활스트레스의 영향을 감소시킬 것이다.

가설 5: 어머니 지원은 자살행동에 대한 생활스트레스의 영향을 감소시킬 것이다.

5-1. 어머니 지원은 자살생각에 대한 생활스트레스의 영향을 감소시킬 것이다.

5-2. 어머니 지원은 자살계획에 대한 생활스트레스의 영향을 감소시킬 것이다.

가설 6: 친구 지원은 자살행동에 대한 생활스트레스의 영향을 감소시킬 것이다.

6-1. 친구 지원은 자살생각에 대한 생활스트레스의 영향을 감소시킬 것이다.

6-2. 친구 지원은 자살계획에 대한 생활스트레스의 영향을 감소시킬 것이다.

제2절 연구모형

본 연구의 모형은 다음과 같다.

〈그림 4-1〉 연구모형

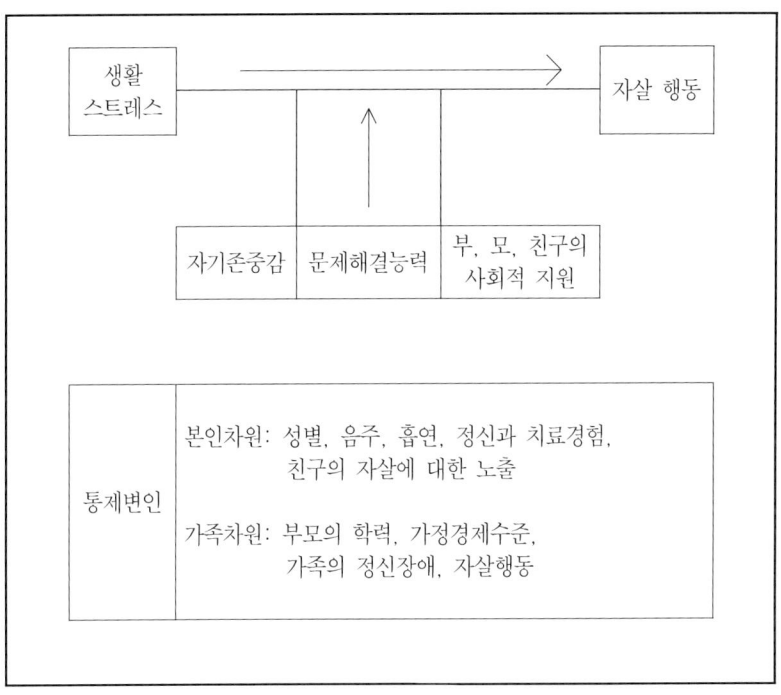

제3절 연구방법

본 조사에 앞서 연구방법 상의 문제를 검토하기 위하여 고등학교 2학년생 35명을 대상으로 예비조사를 실시하였으며, 예비조사를 통하여 나타난 연구방법 상의 오류를 수정하고 보완한 후 본 조사를 실시하였다. 사용된 연구방법은 다음과 같다.

1. 조사대상자 선정

조사대상자는 서울과 경기지역의 고등학교에 재학 중인 청소년들이다. 조사대상자를 선정하기 위해서 서울지역의 2개교와 경기지역의 2개교 등 총 4개교에서 1학교당 5학급씩 총 20개 학급을 접촉하였으며, 학급 전체인원을 대상으로 조사를 실시하였다.

2. 자료수집 방법

본 조사는 2004년 4월 8일부터 19일까지 이루어졌다. 자료수집을 위해서 사회복지학을 전공하는 학부생과 대학원생으로 구성된 조사원과 본 연구자가 각 학급을 직접 방문하여 1개 학급에 1인씩 입장하여 설문의 취지와 응답요령을 설명하고 조사대상자들로 하여금 직접 설문지를 작성하게 한 후 수거하였다. 조사에는 약 30분이 소요되었다.

3. 조사도구

조사에 사용된 도구는 6개이며, 총 243문항이 포함되어 있다. 이들은 자살행동(55문항), 스트레스(54문항), 자기존중감(10문항), 문제해결능력(32문항), 사회적 지원(75문항) 및 인구사회학적 사항(17문항) 등에 관하여 표준화된 도구와 연구자가 개발한 도구들이다. 자살행동과 생활스트레스는 조사일 이전 1개월 동안에 있었던 생각, 행동, 사건 또는 사실들에 대해서 측정하였으며, 그 외의 변인들은 평소생활을 기준으로 측정하였다.

1) 자살행동

자살행동을 측정하기 위해서는 2개의 도구가 사용되었으며 총 55문항으로 이루어져 있다. 먼저 자살생각에 관하여는 Suicidal Ideation Questionnaire(SIQ)를 사용하였는데 SIQ는 Reynolds(1988)에 의해 개발된 자기보고식 척도이다. 이 척도는 30문항으로 이루어져 있고, 문항들은 죽고 싶은 생각이나 일반적인 죽음에 대한 생각 등을 포함한다. 본 연구의 분석에서는 원척도의 응답범주를 재부호화(recode)하였다. 즉, "전혀 생각해 본 적이 없다"와 "그 전에는 그런 생각을 한 적이 있지만 지난 1개월 동안에는 그런 생각을 한 적이 없다"를 0점으로 처리하고, "한 달에 한 번 정도 그런 생각을 한다"(1점)로부터 "거의 매일 생각한다"(5점)에 이르는 6점 척도로 사용하였다. SIQ의 심리측정상의 속성은 잘 입증되어 있다(Reynolds, 1988). 본 연구에서의 신뢰도 계수   .9705로서 비교적 높게 나타났다.

그리고 자살계획에 관하여는 자살계획 평가지를 사용하였는데, 이 평가지는 Reynolds(1988)의 개념을 기초로 연구자가 개발한 자기보고식 도구이다. 이 평가지는 총 15문항으로 이루어져 있고, 문항들은 유서작성, 물품정리, 자살도구 준비 등이 포함되어 있고, 응답범주는 "있다"와 "없다"로 구성되어 있다.

2) 생활스트레스

청소년의 생활스트레스를 측정하기 위해서는 선행연구에서 개발된 도구를 연구자가 대폭 수정·보완하여 사용하였다. 이 도구는 주요한 생활사건(major life events)과 일상사(daily hassles)에 관한 54문항으로 이루어진 자기보고식 척도이다. 문항에는 가족 / 경제, 학교 / 학업 / 진로 / 과외활동, 동료 / 친구 / 이성친구, 건강 / 안전 등의 4개 영역에서 발생할 수 있는 스트레스 요인들이 제시되어 있다. 응답범주는 사건의 발생유무, 그 사건에 대한 평가(좋은지, 나쁜지) 및 없었음(0점)으로부터 매우 많았음(4점)에 이르는 영향정도가 제시된다. 본 연구에서는 응답자가 부정적으로 평가한 사건의 영향정도를 생활스트레스의 정도로 평가하였다.

이 중에서 주요한 생활사건은 Johnson과 McCutcheon(1980)에 의하여 개발된 Life Events Checklist(LEC)를 기초로 하여 우리나라의 문화와 실정에 맞게 연구자가 수정·보완하였다. 여기에는 이사나 전학, 가족이나 친구의 질병과 부상, 새로운 가족 구성원이 생기거나 부모의 이혼과 같은 가족구조의 변화 등이 포함되어 있으며, 1번부터 21번까지의 문항이 해당된다.

그리고 일상사는 Daily Hassles for Adolescents Scale(Dubois et al., 1994; Rowlison & Felner, 1988) 등 일상사에 관한 기존의 척도를 기초로 하여 우리나라의 문화와 실정에 맞게 연구자가 수정·보완하였다. 여기에는 학업이나 이성문제, 형제나 친구와의 대인관계, 따돌림이나 폭력문제 등이 포함되어 있으며, 22번부터 54번까지의 문항이 해당된다.

3) 자기존중감

자기존중감은 Rosenberg Self-Esteem Scale(Rosenberg, 1965)을 사용하여 측정한다. RSES는 개인의 현재 자기존중과 전반적인 자기가치감의 수준을 측정하는 10문항으로 이루어진 자기보고식 척도이다. 이는 삶과 자기만족에 대한 묘사적 표현들에 대해서 4점 척도("매우 동의"로부터 "매우 동의하지 않음")로 평정된다. 전체 점수의 범위는 10점에서 40점까지이며, 점수가 높을수록 자기존중감이 높음을 의미한다. 이전의 연구들(Overholser et al., 1995)에서 30점 이하이면 낮은 자기존중감을 나타내는 것으로 고려되고 있다. RSES는 적절한 내적 일관성과 검사 재검사 신뢰도 능력을 가지고 있으며, 청소년의 전반적인 자기존중감 평가에 있어서 구성타당도의 증거를 보여주고 있다(Hagborg, 1993). 그런데 원척도의 지침에 따라 8번 문항을 역부호화하면 긍정형의 다른 문항과 역의 상관관계를 보이므로 역부호화하지 않았다. 본 연구에서의 신뢰도 계수 .8338이다.

4) 문제해결능력

문제해결능력은 PSI(Problem Solving Inventory)(Heppner, 1988; Heppner and Petersen, 1982)를 이용하여 측정한다. PSI는 문제해결의 자신감, 접근 회피 양식, 개인적 통제 등을 평가하기 위하여 고안된 32문항으로 구성된 자기보고식 측정 도구이다. 각 문항은 1점(강하게 동의)에서 6점(강하게 부정)까지 응답되며 총점범위는 32점에서 198점이다. 점수가 높을수록 문제해결의 자신감이 있고, 접근 양식을 가지며, 개인적 통제를 잘하는 것으로 평가된다. 내적 일관성 신뢰도는 .72~.90으로 높게 나타났으며, 문항간 상관관계는 .25~.71인 것으로 나타났다. 또한 타당도에 대한 많은 증거가 확보되어 있다(Heppner, 1988). 본 연구에서는 연구자가 영어에 능통한 전문가의 자문을 얻어 다소 길다고 판단되는 원 척도의 문항을 짧게 수정하면서 우리나라 실정에 맞게 의역을 하였다. 본 연구에서의 신뢰도 계수 .8738이다.

5) 사회적 지원

사회적 지원을 측정하기 위해서는 박지원(1985)이 개발한 사회적 지지

척도를 수정하여 사용하였다. 이 척도는 사랑, 이해, 격려, 신뢰, 관심, 청취 등을 포함하는 정서적 지원; 사건해결과 관련된 여러 가지 정보제공 행위를 포함하는 정보적 지원; 돈, 시간, 물건, 노동의 제공을 포함하는 물질적 지원; 칭찬, 인정 등 자신을 평가하게 해 주는 행위를 포함하는 평가적 지원 등 총 25문항으로 이루어져 있다. 그런데 본 연구에서는 부, 모, 친구 등 3개의 지지원을 포함하므로 평가항목은 총 75문항이 된다. 응답범주는 '전혀 그렇지 않다'(0점)로부터 '매우 그렇다'(4점)까지 제시되며, 총점의 범위는 0점에서 100점까지이다. 박지원의 연구에서 신뢰도 계수 .9370으로 나타났으며, 홍영수와 김재엽(2003)이 장애아동 어머니를 대상으로 한 연구에서의 .9779로 나타났다. 본 연구에서 아버지를 대상으로 한 경우의 .9744이고, 어머니를 대상으로 한 경우의 .9682이며, 친구를 대상으로 한 경우의 .9529로서 매우 높게 나타났다.

6) 인구사회학적 사항

인구사회학적 특성을 파악하기 위해서는 응답자의 성별, 연령, 학년, 부모의 학력, 가정경제수준, 응답자 및 가족의 음주, 흡연, 정신건강 등에 대하여 조사하며 총 17문항으로 구성되어 있다.

4. 자료분석 방법

수집된 자료에 대해서는 부호화과정(coding)과 오류검토(data cleaning)를 거쳐 SPSS 11.5를 사용하여 통계작업을 하였다. 분석을 위해서는 빈도분석과 상관관계분석 등의 기술통계분석, 선형회귀분석 및 로지스틱 회귀분석을 실시하였다.

제4절 양적 설문조사 결과

연구결과 분석에는 조사대상자의 일반적 특성과 자살행동, 생활스트레스, 심리사회적 자원의 정도에 대한 기술 및 자살생각과 자살계획에 대한 생활스트레스와 심리사회적 자원의 영향에 대한 분석 등이 포함된다.

1. 조사대상자의 일반적 특성

분석에는 조사대상자 총 614명 중에서 부실한 응답과 한 부모 가정의 청소년을 제외한 521명의 자료를 사용하였다.

이들은 성별에 있어서 남자가 277명(53.2%), 여자가 244명(46.8%)이며, 연령은 조사대상자 중에서 492명(95%)이 16세에서 18세까지 분포되어 있다. 조사를 실시한 학교는 총 4개이며, 학년에 있어서는 1학년이 140명(26.9%), 2학년이 111명(21.3%), 3학년이 270명(51.8%) 등으로 구성되어 있다. 부모의 학력에 있어서는 아버지의 275명(52.8%), 어머니의 325명(62.4%)이 고졸로서 가장 많은 빈도를 나타냈다. 그리고 가정경제수준에 있어서는 363명(69.7%)이 보통이라고 응답하였고 대체로 가난하다고 응답한 경우가 85명(16.3%), 약간 부유하다고 응답한 경우가 53명(10.2%)인 것으로 나타났다. 이 중에서 본인의 성별, 부모의 학력 및 가정경제수준은 통제변인으로 사용된다. 보다 자세한 사항은 〈표 4-1〉에 제시된 바와 같다.

〈표 4-1〉 양적 설문 조사대상자의 일반적 특성

N=521

변 인		사례 수(명)	백분율(%)
성별	남	277	53.2
	여	244	46.8
연령	15	23	4.4
	16	135	25.9
	17	153	29.4
	18	207	39.7
	19	3	0.6
학교	A교	161	30.9
	B교	111	21.3
	C교	109	20.9
	D교	140	26.9
학년	1	140	26.9
	2	111	21.3
	3	270	51.8
아버지 학력	초등학교 졸업 이하	13	2.5
	중졸	48	9.2
	고졸	275	52.8
	전문대졸	46	8.8
	4년제 대졸	115	22.1
	대학원 졸	19	3.6
	무응답	5	1.0
어머니 학력	초등학교 졸업 이하	24	4.6
	중졸	66	12.7
	고졸	325	62.4
	전문대졸	31	6.0
	4년제 대졸	57	10.9
	대학원 졸	12	2.3
	무응답	6	1.2
가정경제수준	매우 가난함	14	2.7
	대체로 가난함	85	16.3
	보통	363	69.7
	약간 부유함	53	10.2
	매우 부유함	6	1.2

2. 자살행동, 생활스트레스 및 심리사회적 자원

1) 자살행동

자살행동에는 자살생각과 자살계획이 포함된다. 먼저 자살생각의 경우를 보면, 다음의 〈표 4-2〉에서 보는 바와 같이 조사일 이전 1개월 동안의 자살생각에 대한 조사결과에서는 평균값이 11.380으로 나타났다. 그리고 최솟값은 0점, 최댓값은 142점으로 나타났다.

〈표 4-2〉 조사일 이전 1개월 동안의 자살생각 정도

N=521

변 인	점수범위	평균	표준편차	최소값	최대값
자살생각	0~150	11.380	21.727	0	142

그리고 〈표 4-3〉에서 보는 바와 같이 조사일 이전 1개월 동안에 한 번이라도 자살생각을 한 경험이 있다고 응답한 경우가 330명(63.3%), 경험이 없다고 응답한 경우가 191명(36.7%)으로 나타났다. 이는 다른 연구들의 결과에 비해 다소 높은 수치이지만 측정 도구가 상이하고, 조사대상기간도 일치하지 않으므로 연구 간의 결과를 비교하는 데에는 어려움이 있다.

〈표 4-3〉 조사일 이전 1개월 동안의 자살생각의 경험유무

자살생각	N	%
경험 있음	330	63.3
경험 없음	191	36.7

한편 자살계획의 경우를 보면, 다음의 〈표 4-4〉에서 보는 바와 같이 조사일 이전 1개월 동안에 자살계획을 한 경험이 있다고 응답한 대상자가 24명(4.6%), 경험이 없다고 응답한 경우가 497명(95.4%)으로 나타났다.

〈표 4-4〉 조사일 이전 1개월 동안의 자살계획의 경험유무

자살계획	N	%
경험 있음	24	4.6
경험 없음	497	95.4

2) 생활스트레스

다음의 〈표 4-5〉에서 보는 바와 같이 조사일 이전 1개월 동안을 기준으로 한 부정적인 생활스트레스의 평균값은 10.150이다. 하위영역별 평균을 보면 가족 / 경제 영역이 2.382, 학교 / 학업 영역이 4.411, 동료 / 친구 영역이 .774, 건강 / 안전 영역이 2.584로 나타났다. 점수범위를 고려할 때 응답자들은 학교 / 학업 영역에서 상대적으로 더 많은 스트레스를 경험하고 있다고 볼 수 있다.

〈표 4-5〉 조사일 이전 1개월 동안의 생활스트레스 정도

N=521

변 인	점수 범위	평균	표준 편차	최소값	최대값
생활스트레스	0~162	10.150	7.422	0	71
가족 / 경제	0~51	2.382	2.720	0	15
학교 / 학업	0~39	4.411	3.289	0	24
동료 / 친구	0~39	.774	1.571	0	12
건강 / 안전	0~33	2.584	2.519	0	21

한편 자살생각 경험군과 비경험군으로 나누어 생활스트레스를 비교한 결과, 자살생각 경험군과 비경험군의 생활스트레스가 각각 10.870과 8.906으로서 자살생각 경험군이 비경험군보다 더 많은 생활스트레스를 겪은 것으로 나타났다(Sig. .004). 이때 두 집단간 평균차이는 약 2점이다.

그리고 하위영역에 있어서는 학교 / 학업 영역(Sig. .012)과 건강 / 안전

영역(Sig.   .022)에서 자살생각 경험군이 비경험군보다 더 많은 스트레스를 경험하고 있는 것으로 나타났다. 이 때 두 집단 간의 평균 차이는 1점 미만이다. 세부적인 사항은 다음의 〈표 4-6〉에 제시된 바와 같다.

〈표 4-6〉 자살생각 경험군과 비경험군의 생활스트레스 차이

변 인	자살생각	N	평균	표준편차	t	sig.
생활스트레스	경험군	330	10.870	7.410	2.932	.004*
	비경험군	191	8.906	7.295		
가족 / 경제	경험군	330	2.546	2.706	1.807	.071
	비경험군	191	2.100	2.727		
학교 / 학업	경험군	330	4.679	3.378	2.517	.012*
	비경험군	191	3.948	3.084		
동료 / 친구	경험군	330	.870	1.668	1.937	.053
	비경험군	191	.607	1.376		
건강 / 안전	경험군	330	2.776	2.615	2.300	.022*
	비경험군	191	2.251	2.312		

그리고 자살계획 경험군과 비경험군으로 나누어 생활스트레스를 비교한 결과, 자살계획 경험군과 비경험군의 생활스트레스가 각각 16.083과 9.863으로 나타나 자살계획 경험군이 비경험군에 비해 더 많은 생활스트레스를 경험하는 것으로 나타났다(Sig.   .038). 이때 두 집단간 평균차이는 약 6.863점이다.

하위영역에 있어서는 학교 / 학업 영역을 제외한 3개의 영역에서 자살계획 경험군이 비경험군에 비해 더 많은 생활스트레스를 경험한 것으로 나타났다. 이 때 두 집단 간의 평균은 1점 이상의 차이를 나타냈는데, 특히 건강 / 안전의 영역에서는 자살계획 경험군이 비경험군보다 6점 정도 많은 수준의 스트레스를 경험하는 것으로 나타났다(Sig.   .029). 보다 자세한 사항은 다음의 〈표 4-7〉에 제시된 바와 같다.

〈표 4-7〉 자살계획 경험군과 비경험군의 생활스트레스 차이

변 인	자살계획	N	평 균	표준편차	t	sig.
생활스트레스	경험군	24	16.083	13.759	2.202	.038*
	비경험군	497	9.863	6.869		
가족 / 경제	경험군	24	4.125	3.938	2.249	.034*
	비경험군	497	2.298	2.624		
학교 / 학업	경험군	24	5.167	5.223	.737	.468
	비경험군	497	4.374	3.170		
동료 / 친구	경험군	24	2.167	3.345	2.130	.044*
	비경험군	497	.706	1.404		
건강 / 안전	경험군	24	16.083	13.759	2.320	.029*
	비경험군	497	9.863	6.869		

3) 자기존중감

Rosenberg(1965)의 RSES에서 30점 이상이면 적절한 자기존중감을 가진 것으로 해석된다. 본 연구의 조사대상자들의 자기존중감은 28.721로서 기준점수에 비해 약간 낮은 자기존중감을 가지고 있는 것으로 볼 수 있다. 자세한 사항은 다음의 〈표 4-8〉에 제시되어 있다. RSES에 의한 자기존중감은 단일차원으로 구성되어 있으므로 하위영역별 구분은 분석에서 제외하였다.

〈표 4-8〉 자기존중감 정도

N=521

변 인	점수범위	평 균	표준편차	최소값	최대값
자기존중감	10~40	28.721	4.935	12	40

자살생각 경험군과 비경험군으로 나누어 자기존중감의 차이를 분석한 결과에서는 경험군이 28.121, 비경험군이 29.759로서 자살생각 비경험군이

경험군보다 자기존중감이 약간 높은 것으로 나타났다(Sig. .000). 자세한
사항은 다음의 〈표 4-9〉에서 보는 바와 같다.

〈표 4-9〉 자살생각 경험군과 비경험군의 자기존중감 차이

변 인	자살생각	N	평균	표준편차	t	sig.
자기존중감	경험군	330	28.121	5.011	-3.695	.000*
	비경험군	191	29.759	4.633		

　한편 자살계획 경험군과 비경험군으로 나누어 자기존중감의 차이를 분석
한 결과에서는 경험군이 25.625, 비경험군이 28.871로서 자살계획 비경험
군이 경험군보다 3.25점 정도 높은 것으로 나타났다(Sig. .002). 자세한
사항은 다음의 〈표 4-10〉에 제시되어 있다.

〈표 4-10〉 자살계획 경험군과 비경험군의 자기존중감 차이

변 인	자살계획	N	평 균	표준편차	t	sig.
자기존중감	경험군	24	25.625	6.128	-3.175	.002*
	비경험군	497	28.871	4.828		

4) 문제해결능력

　문제해결능력에 대한 측정의 응답범주는 1점(강하게 동의)에서 6점(강하
게 부정)까지로 제시되어 있고 점수가 높을수록 문제해결능력이 높음을 의
미한다. 문항수와 응답범주를 고려할 때, 긍정적인 문항의 응답결과가 모두
'약간 그렇다'이면 총 128점이고, 모두 '약간 그렇지 않다'이면 총 96점이
된다. 그런데 다음의 〈표 4-11〉에서 보는 바와 같이 조사대상자의 평균값
은 119.365이므로 본 연구의 대상자들은 자신의 문제해결능력을 중간정도
수준으로 평가하고 있다고 볼 수 있다. 그리고 하위영역에 있어서 문제해결

의 자신감은 응답결과가 모두 '약간 그렇다'이면 총 44점이 되는데 응답점수
가 43.992이므로 응답자들은 문제해결의 자신감에 대해 긍정적으로 평가하
고 있다고 볼 수 있다. 접근 회피 양식 영역은 점수가 높을수록 접근양식
을 가진 것을 의미하는데, 응답결과가 모두 '약간 그렇다'이면 총 64점이 되
고, 모두 '보통'이면 48점이 된다. 그런데 응답점수가 60.678이므로 응답자
들은 비교적 문제해결을 위한 접근적 태도를 가지고 있다고 볼 수 있다. 또
한 개인적 통제 영역의 경우에 응답결과가 모두 '약간 그렇지 않다'이면 총
15점이 되는데 응답점수가 14.695이므로 응답자들은 어떤 문제를 접할 때
자신의 감정을 적절히 통제하지 못한다고 평가한 것으로 볼 수 있다.

〈표 4-11〉 문제해결능력 정도

N=521

변 인	점수 범위	평 균	표준 편차	최소값	최대값
문제해결능력	32~192	119.365	17.458	57	177
문제해결의 자신감	11~66	43.992	7.638	17	66
접근－회피 양식	16~96	60.678	10.485	32	96
개인적 통제	5~30	14.695	3.932	5	30

　한편 자살생각 경험군과 비경험군으로 나누어 문제해결능력을 비교
한 결과, 경험군이 117.915, 비경험군이 121.870으로서 자살생각 비
경험군의 문제해결능력이 경험군보다 약 4점 정도 더 높은 것으로 나타났
다(Sig. .013). 하위영역에 있어서는 문제해결의 자신감(Sig. .014)과
개인적 통제(Sig. .000)에서 비경험군이 경험군에 비해 더 높은 점수를
나타냈다. 자세한 사항은 다음의 〈표 4-12〉에서 보는 바와 같다.

〈표 4-12〉 자살생각 경험군과 비경험군의 문제해결능력 차이

변 인	자살생각	N	평 균	표준 편차	t	sig.
문제해결능력	경험군	330	117.915	17.946	-2.504	.013*
	비경험군	191	121.870	16.327		
문제해결의 자신감	경험군	330	43.367	7.865	-2.469	.014*
	비경험군	191	45.073	7.121		
접근－회피 양식	경험군	330	60.388	10.860	-.829	.408
	비경험군	191	61.178	9.811		
개인적 통제	경험군	330	14.161	3.874	-4.139	.000*
	비경험군	191	15.618	3.870		

　그리고 자살계획 경험군과 비경험군으로 나누어 문제해결능력을 비교한 결과, 경험군은 109.375, 비경험군은 119.847로서 자살계획 비경험군이 경험군보다 약 10점 정도 더 높은 점수를 나타냈다(Sig. .004). 하위영역에 있어서는 문제해결의 자신감 영역에서만 비경험군이 경험군에 비해 더 높은 점수를 나타냈다(Sig. .003). 자세한 사항은 다음의 〈표 4-13〉에 제시된 바와 같다.

〈표 4-13〉 자살계획 경험군과 비경험군의 문제해결능력 차이

변 인	자살계획	N	평 균	표준 편차	t	sig.
문제해결능력	경험군	24	109.375	16.048	-2.890	.004*
	비경험군	497	119.847	17.394		
문제해결의 자신감	경험군	24	39.500	7.558	-2.972	.003*
	비경험군	497	44.209	7.583		
접근－회피 양식	경험군	24	56.708	8.710	-1.904	.058
	비경험군	497	60.869	10.533		
개인적 통제	경험군	24	13.167	4.697	-1.955	.051
	비경험군	497	14.769	3.881		

5) 사회적 지원

사회적 지원은 아버지, 어머니 및 친구 등의 지지원을 기준으로 측정하였다. 문항수와 응답범주를 고려할 때 지원정도에 대한 응답결과가 모두 '그저 그렇다'이면 총 75점이고, 모두 '대체로 그렇다'이면 총 100점이 된다. 그리고 사회적 지원의 하위영역은 정서적 지원, 정보적 지원, 평가적 지원 및 도구적 지원 등으로 구분된다. 정서적 지원의 경우에 응답결과가 모두 '그저 그렇다'이면 총 21점이고, 모두 '대체로 그렇다'이면 총 28점이 된다. 그 외의 다른 하위영역들의 점수는 응답결과가 모두 '그저 그렇다'이면 총 18점이고, 모두 '대체로 그렇다'이면 총 24점이 된다.

① 아버지 지원

조사대상자들이 응답한 아버지 지원의 평균은 94.465이다. 이는 점수범위의 중간점인 75점을 초과하는 점수이므로 조사대상자들은 아버지 지원에 대해 긍정적으로 생각하고 있다고 볼 수 있다. 그리고 점수범위를 고려할 때 응답자들은 아버지 지원의 모든 하위 영역에 있어서도 긍정적으로 평가하였다고 볼 수 있다. 자세한 사항은 다음의 〈표 4-14〉에 제시되어 있다.

〈표 4-14〉 아버지 지원 정도

N=521

변 인	점수 범위	평균	표준 편차	최소값	최대값
아버지 지원	25~125	94.465	23.066	25	125
정서적 지원	7~35	26.175	6.997	7	35
정보적 지원	6~30	22.470	6.065	6	30
평가적 지원	6~30	22.994	5.603	6	30
도구적 지원	6~30	22.825	5.660	6	30

한편 자살생각 경험군과 비경험군으로 나누어 아버지 지원을 비교한 결과, 경험군이 92.530, 비경험군이 97.806으로서 자살생각 비경험군이 경

험군보다 아버지 지원에 대해서 더 긍정적으로 평가하고 있는 것으로 나타
났다(Sig. .012). 그리고 모든 하위영역에 있어서 통계적으로 유의미하게
비경험군이 경험군에 비해 약 1점 정도 더 높은 점수를 나타냈다. 자세한
사항은 다음의 〈표 4-15〉에서 보는 바와 같다.

〈표 4-15〉 자살생각 경험군과 비경험군의 아버지 지원 차이

변 인	자살생각	N	평 균	표준편차	t	sig.
아버지 지원	경험군	330	92.530	23.425	-2.529	.012[*]
	비경험군	191	97.806	22.096		
정서적 지원	경험군	330	25.591	7.149	-2.516	.012[*]
	비경험군	191	27.183	6.625		
정보적 지원	경험군	330	21.979	6.126	-2.443	.015[*]
	비경험군	191	23.319	5.878		
평가적 지원	경험군	330	22.564	5.705	-2.316	.021[*]
	비경험군	191	23.738	5.355		
도구적 지원	경험군	330	22.397	5.786	-2.280	.023[*]
	비경험군	191	23.565	5.372		

그리고 자살계획 경험집단과 비경험집단으로 나누어 아버지 지원을 비교
한 결과에서도 경험군이 77.333, 비경험군이 95.292로서 큰 점수 차이를
보였다(Sig. .000). 따라서 자살계획 비경험군이 경험군보다 아버지 지원
에 대해서 더 긍정적으로 평가하고 있다고 볼 수 있다. 그리고 모든 하위영
역에 있어서도 통계적으로 유의미하게 자살계획 비경험군이 경험군에 비해
더 높은 점수를 나타냈으며, 두 집단 간의 평균차이는 약 4~6점이다. 자세
한 사항은 다음의 〈표 4-16〉에서 보는 바와 같다.

〈표 4-16〉 자살계획 경험군과 비경험군의 아버지 지원 차이

변 인	자살계획	N	평 균	표준편차	t	sig.
아버지 지원	경험군	24	77.333	28.113	-3.772	.000*
	비경험군	497	95.292	22.500		
정서적 지원	경험군	24	20.500	8.944	-3.214	.004*
	비경험군	497	26.449	6.781		
정보적 지원	경험군	24	18.833	7.370	-3.031	.003*
	비경험군	497	22.646	5.948		
평가적 지원	경험군	24	19.000	6.653	-3.617	.000*
	비경험군	497	23.187	5.482		
도구적 지원	경험군	24	19.000	6.600	-3.425	.001*
	비경험군	497	23.010	5.552		

② 어머니 지원

조사대상자들이 응답한 어머니 지원의 평균은 100.737로서 점수범위를 고려할 때 조사대상자들은 어머니 지원에 대해 긍정적으로 생각하고 있다고 볼 수 있다. 그리고 모든 하위영역에 있어서도 어머니 지원에 대해 대체로 긍정적으로 평가하고 있는 것으로 볼 수 있다. 자세한 사항은 다음의 〈표 4-17〉에 제시된 바와 같다.

〈표 4-17〉 어머니 지원 정도

N=521

변 인	점수범위	평 균	표준편차	최소값	최대값
어머니 지원	25~125	100.737	19.553	27	125
정서적 지원	7~35	28.612	5.856	7	35
정보적 지원	6~30	23.687	5.372	6	30
평가적 지원	6~30	24.244	4.864	6	30
도구적 지원	6~30	24.194	4.805	6	60

한편 자살생각 경험집단과 비경험집단으로 나누어 어머니 지원을 비교한 결과, 경험군은 98.733, 비경험군은 104.199로서 두 집단 간에 약 5점 정도의 차이가 나타났다(Sig. .001). 따라서 자살생각 비경험군이 경험군 보다 어머니 지원에 대해서 긍정적으로 평가하고 있는 것으로 볼 수 있다. 그리고 모든 하위영역에 있어서도 통계적으로 유의미하게 자살생각 비경험 군이 경험군에 비해 더 높은 점수를 나타냈으며, 두 집단 간의 평균차이는 1점을 약간 초과하고 있다. 자세한 사항은 다음의 〈표 4-18〉에서 보는 바 와 같다.

〈표 4-18〉 자살생각 경험군과 비경험군의 어머니 지원 차이

변 인	자살생각	N	평균	표준편차	t	sig.
어머니 지원	경험군	330	98.733	20.171	-3.197	.001*
	비경험군	191	104.199	17.968		
정서적 지원	경험군	330	28.058	6.125	-2.983	.003*
	비경험군	191	29.571	5.238		
정보적 지원	경험군	330	23.167	5.447	-2.928	.004*
	비경험군	191	24.586	5.130		
평가적 지원	경험군	330	23.852	5.014	-2.431	.015*
	비경험군	191	24.922	4.526		
도구적 지원	경험군	330	23.658	5.021	-3.532	.000*
	비경험군	191	25.120	4.263		

자살계획 경험군과 비경험군으로 나누어 어머니 지원을 비교한 결과, 경 험군이 81.792, 비경험군이 101.652로서 두 집단 간의 차이가 약 20점 정도로 나타났다(Sig. .002). 따라서 자살계획 비경험군이 경험군보다 어 머니 지원에 대해서 더 긍정적으로 평가하고 있는 것으로 볼 수 있다. 그리 고 모든 하위영역에 있어서 비경험군이 경험군에 비해 더 높은 점수를 나타 냈으며, 두 집단 간의 평균차이는 약 4~5점이다. 자세한 사항은 다음의 〈표 4-19〉에서 보는 바와 같다.

⟨표 4-19⟩ 자살계획 경험군과 비경험군의 어머니 지원 차이

변 인	자살계획	N	평 균	표준편차	t	sig.
어머니 지원	경험군	24	81.792	27.423	-3.509	.002*
	비경험군	497	101.652	18.648		
정서적 지원	경험군	24	22.625	8.576	-3.550	.002*
	비경험군	497	28.901	5.543		
정보적 지원	경험군	24	19.458	6.666	-4.005	.000*
	비경험군	497	23.891	5.223		
평가적 지원	경험군	24	19.958	6.715	-3.240	.003*
	비경험군	497	24.451	4.667		
도구적 지원	경험군	24	19.750	6.278	-3.589	.001*
	비경험군	497	24.409	4.623		

③ 친구 지원

조사대상자들이 응답한 친구 지원의 평균은 93.106점이다. 점수범위를 고려할 때 조사대상자들은 친구 지원에 대하여 긍정적으로 평가하고 있는 것으로 볼 수 있다. 그리고 모든 하위영역에 있어서도 대체로 긍정적으로 평가하고 있는 것으로 볼 수 있다. 자세한 사항은 다음의 ⟨표 4-20⟩에 제시한 바와 같다.

⟨표 4-20⟩ 친구 지원 정도

N=521

변 인	점수범위	평균	표준편차	최소값	최대값
친구 지원	25~125	93.106	16.673	35	125
정서적 지원	7~35	27.511	4.915	9	35
정보적 지원	6~30	22.355	4.735	7	30
평가적 지원	6~30	22.344	4.194	6	30
도구적 지원	6~30	20.896	4.416	8	30

한편 자살생각 경험집단과 비경험집단으로 나누어 친구 지원을 비교한 결과, 자살생각 경험군이 92.130, 비경험군이 94.791로 나타났으나 통계적으로 유의미한 차이는 아니다. 그리고 하위영역에 있어서는 평가적 지원(Sig. .043)과 도구적 지원(Sig. .042)에서 자살생각 비경험군이 경험군에 비해 약간 높은 점수를 나타냈으며, 정서적 지원과 정보적 지원에 있어서는 집단간 차이를 보이지 않았다. 자세한 사항은 다음의 〈표 4-21〉에서 보는 바와 같다.

〈표 4-21〉 자살생각 경험군과 비경험군의 친구 지원 차이

변 인	자살생각	N	평 균	표준편차	t	sig.
친구 지원	경험군	330	92.130	17.543	-1.835	.067
	비경험군	191	94.791	14.947		
정서적 지원	경험군	330	27.242	5.191	-1.716	.087
	비경험군	191	27.974	4.373		
정보적 지원	경험군	330	22.230	4.949	-.790	.430
	비경험군	191	22.571	4.346		
평가적 지원	경험군	330	22.061	4.406	-2.030	.043[*]
	비경험군	191	22.833	3.760		
도구적 지원	경험군	330	20.597	4.586	-2.040	.042[*]
	비경험군	191	21.414	4.066		

그리고 자살계획 경험집단과 비경험집단으로 나누어 친구 지원을 비교한 결과에서는 전체점수 및 모든 하위영역에 있어서 두 집단간의 차이가 나타나지 않았다. 자세한 사항은 다음의 〈표 4-22〉에서 보는 바와 같다.

<표 4-22> 자살계획 경험군과 비경험군의 친구 지원 차이

변 인	자살계획	N	평균	표준 편차	t	sig.
친구 지원	경험군	24	89.292	17.904	-1.148	.252
	비경험군	497	93.290	16.608		
정서적 지원	경험군	24	26.667	5.475	-.861	.390
	비경험군	497	27.551	4.889		
정보적 지원	경험군	24	21.583	4.510	-.817	.414
	비경험군	497	22.392	4.747		
평가적 지원	경험군	24	21.667	4.706	-.809	.419
	비경험군	497	22.376	4.170		
도구적 지원	경험군	24	19.375	4.716	-1.731	.084
	비경험군	497	20.970	4.393		

6) 자살행동에 영향을 미치는 요인들

통제변인은 본인의 성별, 음주, 흡연, 정신과 치료경험, 친구의 자살에 대한 노출 경험과 부모의 학력, 가정경제수준, 가족의 정신장애 및 자살행동 등이다. 여기서는 조사대상자의 일반적 특성에서 제시한 내용을 제외한 결과만을 제시하였다.

조사결과를 보면, 음주를 하는 경우가 229명(44.0%), 흡연을 하는 경우가 55명(10.6%), 정신과 상담이나 치료를 받은 경험이 있는 경우가 15명(2.9%), 친구가 자살을 한 적이 있다고 응답한 경우가 7명(1.3%) 등으로 나타났다. 또한 가족이 정신장애 문제를 가지고 있다고 응답한 경우가 31명(6.1%), 자살 또는 자살시도 등의 자살행동을 한 적이 있다고 응답한 경우가 4명(0.8%) 등으로 나타났다. 자세한 사항은 다음의 〈표 4-23〉에 제시한 바와 같다.

〈표 4-23〉 본인의 음주, 흡연, 정신과 치료경험, 친구의 자살경험,
가족의 정신장애 및 자살행동의 해당유무

	통제 변인	N	해당함(%)	해당없음(%)
본인	음주 여부	521	229(44.0)	292(56.0)
	흡연 여부	521	55(10.6)	466(89.4)
	정신과 치료경험	521	15(2.9)	506(97.1)
	친구의 자살경험	521	7(1.3)	514(98.7)
가족	정신장애	510	31(6.1)	479(93.9)
	자살행동	511	4(0.8)	507(99.2)

7) 주요 변인간의 상관관계

주요변인 간의 상관관계를 분석한 결과는 다음과 같다. 통제변인들 간에
는 대체로 상관관계가 거의 없거나 낮은 상관관계(r -.091~.375)를 보
였다. 아버지의 학력과 어머니의 학력은 비교적 높은 상관관계(r .639)를
보였으나, 다중공선성을 우려할 만한 수준은 아니라고 판단된다. 그리고 통
제변인은 독립변인 및 조절변인들과도 상관관계가 거의 없거나 낮은 상관관
계(r .087~.238)를 보였다. 그리고 독립변인은 모든 조절변인과 상관관
계가 매우 낮은 것으로 나타났다(r -.188~-.267).

한편 조절변인 간에는 부분적으로 높은 상관관계가 나타났다. 자기존중감
은 문제해결능력과는 비교적 높은 상관관계(r .586)를 가지고 있고, 사회
적 지원과는 낮은 상관관계(r .289~.351)를 가지고 있다. 그리고 문제해
결능력은 사회적 지원과 낮은 상관관계(r .266~.336)를 가지고 있다. 또
한 사회적 지원 간에는 비교적 높은 상관관계(r .399~.764)를 가지고 있
는 것으로 나타났다. 그러나 조절변인 간에 높은 상관관계가 있더라도 분석
에서 하나의 회귀식에 투입되는 것은 아니므로 다중 공선성의 발생 등은 문
제가 되지 않는다. 자세한 사항은 다음의 〈표 4-24〉에 제시한 바와 같다.

〈표 4-24〉 주요 변인 간의 상관관계

변인 평	1	2	3	4	5	6	7	8	9	10	11	12	13	14	15
1. 성별	–														
2. 음주	-.277**	–													
3. 흡연	-.128**	.375**	–												
4. 정신과치료경험	.047	.009	-.059	–											
5. 친구자살경험	-.091*	.065	.068	-.020	–										
6. 아버지학력	.239*	-.068	-.054	-.098*	-.053	–									
7. 어머니학력	.172**	-.071	-.013	-.022	.001	.639**	–								
8. 가정경제수준	.135**	-.072	-.087**	-.047	-.061	.239**	.211**	–							
9. 가족친밀환	-.078	.136**	.046	.053	.041	.019	-.022	-.128**	–						
10. 가족자살행동	-.007	.099*	-.031	-.015	.181**	.000	-.010	-.021	.070	–					
11. 생활스트레스	-.130**	.085	.070	.091*	.009	-.077	-.026	-.215**	.174**	.087*	–				
12. 자기존중감	.144**	-.103*	-.019	.021	-.027	.122**	.187**	.238**	-.032	-.081	-.235**	–			
13. 문제해결능력	.120**	-.082	-.032	.050	.034	.166**	.202**	.144**	-.040	-.001	-.188**	.586**	–		
14. 아버지 지원	.132**	-.135**	-.087**	-.140**	.003	.143**	.066	.181**	-.122**	-.014	-.267**	.351**	.292**	–	
15. 어머니 지원	.124**	-.149**	-.068	.009	-.023	.120**	.050	.170**	-.035	-.012	-.241**	.349**	.266**	.764**	–
16. 친구 지원	-.204**	.113*	.086	-.093*	.059	.006	.024	.082	-.021	-.003	-.065	.289**	.336**	.399**	.450**

* p<.05 ** p<.01

3. 자살생각에 대한 생활스트레스
및 심리사회적 자원의 영향

　자살생각에 대한 생활스트레스의 영향 및 그에 대한 자기존중감, 문제해결능력, 부모와 친구에 의한 사회적 지원 등의 영향에 대한 가설을 검증하기 위하여 2단계로 나누어 위계적 회귀분석을 실시하였다. 그리고 생활스트레스가 높은 집단(상위 30%군)과 낮은 집단(하위 30%군)으로 나누어 조절변인들의 상호작용효과에 대해서도 분석하였다. 모든 분석에 있어서 Dubin-Watson과 Tolerance를 검토한 결과 잔차 간의 자기상관은 보이지 않았으며, 다중 공선성 문제도 발생하지 않았다.

1) 자살생각에 대한 생활스트레스의 영향

　자살생각에 대한 생활스트레스의 영향을 분석한 결과, 〈표 4-25〉에서 보는 바와 같이 생활스트레스를 투입할 때 Beta는 .257(Sig.　.000)이고, R^2변화량은 .060(Sig.　.000)이다. 따라서 생활스트레스가 증가할수록 자살생각이 증가할 것이라는 가설 1-1은 지지된다. 한편 통제변인들의 영향이 제거될 때 자살생각에 대한 생활스트레스의 설명력은 6%에 이르고 있으며, 통제변인들 중에는 음주(Sig.　.014), 친구의 자살(Sig.　.040), 어머니 학력(Sig.　.033) 등이 자살생각을 예견하는 것으로 나타났다.

　나아가 자살생각에 대한 생활스트레스의 하위영역별 영향을 알아보았다. 〈표 4-26〉에서 보는 바와 같이 생활스트레스의 하위영역에 있어서는 친구/동료 영역에서의 생활스트레스가 자살생각에 영향을 미치는 것으로 나타났다(Sig.　.001). 그런데 앞의 제4절의 2. 2)에서 살펴본 바에 의하면 응답자들이 보고한 생활스트레스는 학교/학업 영역이 다른 영역보다 상대적으로 높은 점수를 나타냈다. 따라서 응답자들은 다른 영역에 비해 학교/학업 영역에서 더 많은 스트레스를 느끼지만, 그들의 자살생각에 대해서는 친구/동료 영역에서의 스트레스가 더 큰 영향을 주고 있다고 볼 수 있다. 여기에서 친구/동료 영역의 생활스트레스는 조사일 이전 1개월 동안에 친구, 동료, 이성친구의 영역에서 발생한 사건에 대한 평가를 측정하며, 조절 변인인 친구에 의한 사회적 지원은 평소에 친구로부터 주어지는 사회적 지원에 대한 평가를 측정하므로 친구 등의 평가대상의 범주와 측정대상의 문제에 차이가 있다. 그리고 친구/동료영역의 생활스트레스는 친구에 의한 정서적 지원과 통계적으로 유의미한 수준에서 상관관계가 거의 없는 것으로 나타났으며(r -.097), 정보적, 평가적 및 도구적 지원와의 상관관계는 통계적 유의성이 없는 것으로 나타났다. 따라서 두 변인간의 개념 중복 문제는 발생하지 않는다. 다만 이후의 연구에서는 친구의 범위에 대한 보다 명확한 정의를 내릴 필요가 있다고 본다.

〈표 4-25〉 자살생각에 대한 생활스트레스의 영향

변 인	1단계		2단계	
	Beta	Sig.	Beta	Sig.
성별[1]	-.048	.309	-.022	.626
음주 여부[2]	.119	.016*	.118	.014*
흡연 여부[3]	.043	.368	.032	.480
정신과 상담경험[4]	.088	.045	.066	.124
친구의 자살[5]	.079	.075	.089	.040*
아버지 학력	.015	.799	.027	.630
어머니 학력	-.099	.082	-.117	.033*
가정경제수준	-.093	.041	-.046	.308
가족의 정신장애[6]	-.020	.653	-.055	.206
가족의 자살행동[7]	.048	.279	.027	.537
생활스트레스			.257	.000*
R^2		.073		.132
Adj. R^2		.054		.113
Model F	3.858(Sig.=.000)		6.811(Sig.=.000)	
R^2 Change				.060

변 인	1단계 Beta	Sig	2단계 Beta	Sig.
F change			33.780(Sig.=.000)	
Dubin-Watson			1.918	
Tolerance	.560~980		.559~.973	

주: 1) 남=1, 여=0 2) 여=1, 부=0 3) 여=1, 부=0 4) 유=1, 무=0
5) 유=1, 무=0 6) 유=1, 무=0 7) 유=1, 무=0

〈표 4-26〉 자살생각에 대한 생활스트레스 하위영역별 영향

변 수	1단계 Beta	Sig.	2단계 Beta	Sig.
성별[1]	-.048	.309	-.011	.820
음주 여부[2]	.119	.016*	.115	.016*
흡연 여부[3]	.043	.368	.030	.520
정신과 상담경험[4]	.088	.045	.054	.209
친구의 자살[5]	.079	.075	.082	.056
아버지 학력	.015	.799	.031	.582
어머니 학력	-.099	.082	-.108	.053
가정경제수준	-.093	.041*	-.041	.363
가족의 정신장애[6]	-.020	.653	-.057	.188
가족의 자살행동[7]	.048	.279	.011	.796
가족/경제 영역			.088	.078
학교/학업 영역			.041	.417
친구/동료 영역			.168	.001*
건강/안전 영역			.092	.073
R^2		.073		.144
Adj. R^2		.054		.120
Model F	3.858(Sig.=.000)		5.891(Sig.=.000)	
R^2 Change				.072
F change			10.249(Sig.=.000)	

변 수	1단계 Beta	Sig.	2단계 Beta	Sig.
Dubin-Watson				1.913
Tolerance	.560~980		.536~.961	

주: 1) 남=1, 여=0 2) 여=1, 부=0 3) 여=1, 부=0 4) 유=1, 무=0
5) 유=1, 무=0 6) 유=1, 무=0 7) 유=1, 무=0

2) 자살생각에 대한 자기존중감의 영향

생활스트레스와 자살생각의 관계에 대한 자기존중감의 영향을 알아보았
다. 〈표 4-27〉에서 보는 바와 같이 자기존중감의 Beta는 -.235(Sig.
.000), R^2변화량은 .048(Sig. .000)이므로 자기존중감은 자살생각을
감소시키는 것으로 볼 수 있다. 그리고 자기존중감이 투입될 때 생활스트레
스의 Beta는 .257(Sig. .000)에서 .211(Sig. .000)로 약간 감소하였다.
따라서 자기존중감이 자살생각에 대한 생활스트레스의 영향을 감소시킬 것이
라는 가설 2-1은 지지된다. 그리고 통제변인들 중에는 음주(Sig. .034)와
친구의 자살(Sig. .036) 등이 자살생각의 위험요인인 것으로 나타났다.

〈표 4-27〉 자살생각에 대한 자기존중감의 영향

변 수	1단계 Beta	Sig.	2단계 Beta	Sig.
성별[1]	-.022	.626	-.009	.838
음주 여부[2]	.118	.014*	.099	.034*
흡연 여부[3]	.032	.480	.043	.337
정신과 상담경험[4]	.066	.124	.075	.073
친구의 자살[5]	.089	.040*	.088	.036*
아버지 학력	.027	.630	.016	.775
어머니 학력	-.117	.033*	-.077	.154
가정경제수준	-.046	.308	-.007	.875

변 수	1단계		2단계	
	Beta	Sig.	Beta	Sig.
가족의 정신장애[6]	-.055	.206	-.044	.295
가족의 자살행동[7]	.027	.537	.015	.725
생활스트레스	.257	.000[*]	.211	.000[*]
자기존중감			-.235	.000[*]
R^2		.132		.180
Adj. R^2		.113		.160
Model F	6.811(Sig.=.000)		8.985(Sig.=.000)	
R^2 Change				.048
F Change			28.683(Sig.=.000)	
Dubin-Watson				1.963
Tolerance		.560~.980		.558~971

주: 1) 남=1, 여=0 2) 여=1, 부=0 3) 여=1, 부=0 4) 유=1, 무=0
　　5) 유=1, 무=0 6) 유=1, 무=0 7) 유=1, 무=0

한편 생활스트레스와 자기존중감의 상호작용효과를 알아본 결과, 〈표 4-28〉에서 보는 바와 같이 하위 30%군에서 자기존중감의 Beta는 -.260(Sig. .002)이고 상위 30%군에서의 Beta는 -.235(Sig. .004)이다. 그러나 그 차이가 미미하므로 자기존중감은 생활스트레스의 수준에 거의 영향을 받지 않으며 자살생각에 대한 직접효과를 가진다고 볼 수 있다.

〈표 4-28〉 생활스트레스 수준에 따른 자기존중감의 영향

변 수	하위 30%군		상위 30%군	
	Beta	Sig.	Beta	Sig.
성별[1]	.222	.008[*]	-.163	.051
음주 여부[2]	.242	.007[*]	.035	.679
흡연 여부[3]	-.080	.357	.031	.701
정신과 상담경험[4]	-.024	.756	.165	.032[*]

변 수	하위 30%군		상위 30%군	
	Beta	Sig.	Beta	Sig.
친구의 자살[5]	-.014	.862	.063	.435
아버지 학력	.013	.890	.047	.645
어머니 학력	-.063	.510	-.080	.424
가정경제수준	.059	.464	-.053	.514
가족의 정신장애[6]	-.116	.146	-.051	.519
가족의 자살행동[7]	-.059	.450	.081	.319
자기존중감	-.260	.002*	-.235	.004*
R^2		.171		.165
Adj. R^2		.106		.107
Model F	2.635(Sig.=.004)		2.836(Sig.=.002)	

주: 1) 남=1, 여=0 2) 여=1, 부=0 3) 여=1, 부=0 4) 유=1, 무=0
　　5) 유=1, 무=0 6) 유=1, 무=0 7) 유=1, 무=0

3) 자살생각에 대한 문제해결능력의 영향

생활스트레스와 자살생각의 관계에 대한 문제해결능력의 영향을 알아보았다. 〈표 4-29〉에서 보는 바와 같이 문제해결능력의 Beta는 -.149(Sig. .001)이고, R^2의 변화량은 .020(Sig. .001)이므로 문제해결능력은 자살생각을 감소시키는 것으로 볼 수 있다. 그리고 문제해결능력을 투입한 이후에 생활스트레스의 Beta는 .257(Sig. .000)에서 .231(Sig. .000)로 약간 감소하였다. 따라서 문제해결능력은 자살생각에 대한 생활스트레스의 영향을 감소시킨다고 볼 수 있으므로 가설 3-1은 지지된다. 통제변인들 중에서는 음주(Sig. .025)와 친구의 자살(sig. .026) 등이 자살생각을 예견하는 것으로 나타났다.

〈표 4-29〉 자살생각에 대한 문제해결능력의 영향

변 수	1단계		2단계	
	Beta	Sig.	Beta	Sig.
성별[1]	-.022	.626	-.020	.664
음주 여부[2]	.118	.014*	.107	.025*
흡연 여부[3]	.032	.480	.036	.423
정신과 상담경험[4]	.066	.124	.076	.074
친구의 자살[5]	.089	.040*	.096	.026*
아버지 학력	.027	.630	.034	.545
어머니 학력	-.117	.033*	-.096	.079
가정경제수준	-.046	.308	-.037	.406
가족의 정신장애[6]	-.055	.206	-.054	.208
가족의 자살행동[7]	.027	.537	.030	.490
생활스트레스	.257	.000*	.231	.000*
문제해결능력			-.149	.001*
R^2		.132		.152
Adj. R^2		.113		.132
Model F	6.811(Sig.=.000)		7.356(Sig.=.000)	
R^2 Change				.020
F Change			11.716(Sig.=.001)	
Dubin-Watson				1.940
Tolerance		.560~980		.558~.968

주: 1) 남=1, 여=0 2) 여=1, 부=0 3) 여=1, 부=0 4) 유=1, 무=0
   5) 유=1, 무=0 6) 유=1, 무=0 7) 유=1, 무=0

다음으로는 문제해결능력의 하위영역별 영향을 알아보았다. 다음의 〈표 4-30〉에서 보는 바와 같이 문제해결의 자신감(Sig. .002)과 개인적 통제 (Sig. .045)는 자살생각을 감소시키지만 접근·회피 양식은 자살생각을 감소시키지 못하는 것으로 나타났다.

〈표 4-30〉 자살생각에 대한 문제해결능력의 하위영역별 영향

변 수	1단계		2단계	
	Beta	Sig.	Beta	Sig.
성별[1]	-.022	.626	-.006	.891
음주 여부[2]	.118	.014*	.110	.019*
흡연 여부[3]	.032	.480	.044	.329
정신과 상담경험[4]	.066	.124	.075	.076
친구의 자살[5]	.089	.040*	.091	.033*
아버지 학력	.027	.630	.022	.687
어머니 학력	-.117	.033*	-.085	.121
가정경제수준	-.046	.308	-.026	.553
가족의 정신장애[6]	-.055	.206	-.055	.194
가족의 자살행동[7]	.027	.537	.035	.406
생활스트레스	.257	.000*	.210	.000*
문제해결의 자신감			-.162	.002*
접근-회피 양식			.030	.532
개인적 통제			-.094	.045*
R^2	.132		.168	
Adj. R^2	.113		.144	
Model F	6.811(Sig.=.000)		7.067(Sig.=.000)	
R^2 Change			.036	
F Change			7.081(Sig.=.000)	
Dubin-Watson			1.962	
Tolerance	.560~980		.556~.963	

주: 1) 남=1, 여=0 2) 여=1, 부=0 3) 여=1, 부=0 4) 유=1 무=0 5) 유=1, 무=0
6) 유=1, 무=0 7) 유=1, 누=0

한편 생활스트레스와 문제해결능력의 상호작용효과를 분석한 결과 〈표 4-31〉에서 보는 바와 같이 생활스트레스 하위 30%군에서 문제해결능력의 Beta는 -.137(Sig. .118), R^2는 .057(Sig. .054)이고, 상위 30%군에서의 Beta는 -.227(Sig. .003), R^2는 .110(Sig. .002)이다. 즉, 생활스트레스가 낮은 집단에서는 자살생각에 대한 문제해결능력의 영향이 통계

적으로 유의미하지 않으나, 생활스트레스가 높은 집단에서는 문제해결능력
이 통계적으로 유의미한 수준에서 자살생각을 감소시키는 것으로 나타났다.
따라서 문제해결능력은 생활스트레스와 상호작용을 한다고 볼 수 있다.

〈표 4-31〉 생활스트레스 수준에 따른 문제해결능력의 영향

변 수	하위 30%군		상위 30%군	
	Beta	Sig.	Beta	Sig.
성별[1]	.220	.011[*]	-.186	.025[*]
음주 여부[2]	.256	.006[*]	.038	.654
흡연 여부[3]	-.096	.280	.036	.653
정신과 상담경험[4]	-.009	.908	.164	.032[*]
친구의 자살[5]	-.007	.933	.066	.411
아버지 학력	.024	.805	.064	.529
어머니 학력	-.087	.376	-.090	.366
가정경제수준	.041	.618	-.083	.289
가족의 정신장애[6]	-.119	.146	-.065	.407
가족의 자살행동[7]	-.050	.534	.108	.181
문제해결능력	-.137	.118	-.227	.003[*]
R^2		.125		.168
Adj. R^2		.057		.110
Model F	1.830(Sig.=.054)		2.894(Sig.=.002)	

주: 1) 남=1, 여=0 2) 여=1, 부=0 3) 여=1, 부=0 4) 유=1, 무=0
   5) 유=1, 무=0 6) 유=1, 무=0 7) 유=1, 무=0

4) 자살생각에 대한 사회적 지원의 영향

① 아버지 지원

생활스트레스와 자살생각의 관계에 대한 아버지 지원의 영향을 분석한 결과,
〈표 4-32〉에서 보는 바와 같이 아버지 지원의 Beta는 -.201(Sig. .000)이
고, R^2의 변화량은 .035(Sig. .000)이다. 그러므로 아버지 지원은 자살
생각을 감소시킨다고 볼 수 있다. 그리고 아버지 지원을 투입한 이후에 생

활스트레스의 Beta는 .257(Sig. .000)에서 .211(Sig. .000)로 약간 감소하였다. 따라서 아버지 지원은 자살생각에 대한 생활스트레스의 영향을 감소시킨다고 볼 수 있으므로 가설 4-1은 지지된다.

〈표 4-32〉 자살생각에 대한 아버지 지원의 영향

변 수	1단계		2단계	
	Beta	Sig.	Beta	Sig.
성별[1]	-.022	.626	-.014	.758
음주 여부[2]	.118	.014*	.098	.037*
흡연 여부[3]	.032	.480	.027	.546
정신과 상담경험[4]	.066	.124	.048	.251
친구의 자살[5]	.089	.040*	.094	.027*
아버지 학력	.027	.630	.046	.401
어머니 학력	-.117	.033*	-.124	.021*
가정경제수준	-.046	.308	-.029	.512
가족의 정신장애[6]	-.055	.206	-.066	.124
가족의 자살행동[7]	.027	.537	.030	.482
생활스트레스	.257	.000*	.211	.000*
아버지 지원			-.201	.000*
R^2		.132		.167
Adj. R^2		.113		.147
Model F	6.811(Sig.=.000)		8.216(Sig.=.000)	
F Change			20.678(Sig.=.000)	
Dubin-Watson				1.893
Tolerance		.559~973		.556~.964

주: 1) 남=1, 여=0　2) 여=1, 부=0　3) 여=1, 부=0　4) 유=1, 무=0
　　5) 유=1, 무=0　6) 유=1, 무=0　7) 유=1, 무=0

한편 통제변인들 중에서는 음주(Sig. .037), 친구의 자살(Sig. .027), 어머니 학력(Sig. .021) 등이 자살생각을 예견하는 것으로 나타났다.

다음으로는 아버지 지원의 하위영역별 영향을 알아보았다. 〈표 4-33〉에

서 보는 바와 같이 아버지에 의한 정서적 지원(Sig. .044), 정보적 지원
(Sig. .045) 및 평가적 지원(Sig. .022)은 자살생각을 감소시키지만,
도구적 지원은 자살생각을 감소시키지 못하는 것으로 나타났다.

〈표 4-33〉 자살생각에 대한 아버지 지원의 하위영역별 영향

변 인	1단계		2단계	
	Beta	Sig.	Beta	Sig.
성별[1]	-.022	.626	-.021	.634
음주 여부[2]	.118	.014*	.098	.037*
흡연 여부[3]	.032	.480	.032	.473
정신과 상담경험[4]	.066	.124	.050	.232
친구의 자살[5]	.089	.040*	.090	.033*
아버지 학력	.027	.630	.039	.479
어머니 학력	-.117	.033*	-.123	.022*
가정경제수준	-.046	.308	-.025	.568
가족의 정신장애[6]	-.055	.206	-.069	.104
가족의 자살행동[7]	.027	.537	.037	.383
생활스트레스	.257	.000*	.200	.000*
정서적 지원			-.229	.044*
정보적 지원			.179	.045*
평가적 지원			-.226	.022*
도구적 지원			.068	.502
R^2		.132		.186
Adj. R^2		.113		.161
Model F	6.811(Sig.=.000)		7.425(Sig.=.000)	
R^2 Change				.054
F Change			8.042(Sig.=.000)	
Dubin-Watson				1.898
Tolerance		.559~973		.130~.962

주: 1) 남=1, 여=0 2) 여=1, 부=0 3) 여=1, 부=0 4) 유=1, 무=0
  5) 유=1, 무=0 6) 유=1, 무=0 7) 유=1, 무=0

한편 생활스트레스와 아버지 지원의 상호작용효과를 알아보았다. 〈표 4-34〉에서 보는 바와 같이 하위 30%군에서 아버지 지원의 Beta는 -.220(Sig. .009), R^2는 .086(Sig. .013)이고, 상위 30%군에서의 Beta는 -.256(Sig. .001), R^2는 .118(Sig. .001)이다. 그러나 그 차이가 미미하므로 아버지 지원은 생활스트레스의 수준에 거의 영향을 받지 않으며 자살생각에 대한 직접효과를 가진다고 볼 수 있다.

〈표 4-34〉 생활스트레스 수준에 따른 아버지 지원의 영향

변 인	하위 30%군		상위 30%군	
	Beta	Sig.	Beta	Sig.
성별[1]	.206	.015*	-.140	.096
음주 여부[2]	.223	.016*	.043	.612
흡연 여부[3]	-.073	.404	.021	.795
정신과 상담경험[4]	-.054	.503	.125	.100
친구의 자살[5]	-.015	.846	.111	.166
아버지 학력	.029	.761	.097	.337
어머니 학력	-.113	.234	-.150	.131
가정경제수준	.066	.420	-.054	.494
가족의 정신장애[6]	-.127	.116	-.092	.236
가족의 자살행동[7]	-.059	.458	.104	.198
아버지 지원	-.220	.009*	-.256	.001*
R^2		.152		.176
Adj. R^2		.086		.118
Model F	2.293(Sig.=.013)		3.061(Sig.=.001)	

주: 1) 남=1, 여=0 2) 여=1, 부=0 3) 여=1, 부=0 4) 유=1, 무=0
    5) 유=1, 무=0 6) 유=1, 무=0 7) 유=1, 무=0

② 어머니 지원

생활스트레스와 자살생각의 관계에 대한 어머니 지원의 영향을 알아본 결과, 〈표 4-35〉에서 보는 바와 같이 어머니 지원의 Beta는 -.197(Sig. .000)이

고 R2의 변화량은 .034(Sig.　.000)이므로 어머니 지원은 자살생각을 감소시킨다고 볼 수 있다. 그리고 어머니 지원을 투입한 이후에 생활스트레스의 Beta는 .257(Sig.　.000)에서 .212(Sig.　.000)로 약간 감소하였다. 따라서 어머니 지원은 자살생각에 대한 생활스트레스의 영향을 감소시킨다고 볼 수 있으므로 가설 5-1은 지지된다. 통제변인 중에는 친구의 자살(Sig.　.038), 어머니 학력(sig.　.021) 등이 자살생각을 예견하는 것으로 나타났다.

〈표 4-35〉 자살생각에 대한 어머니 지원의 영향

변 인	1단계		2단계	
	Beta	Sig.	Beta	Sig.
성별[1]	-.022	.626	-.017	.707
음주 여부[2]	.118	.014*	.090	.058
흡연 여부[3]	.032	.480	.036	.429
정신과 상담경험[4]	.066	.124	.079	.061
친구의 자살[5]	.089	.040*	.088	.038*
아버지 학력	.027	.630	.044	.422
어머니 학력	-.117	.033*	-.125	.021*
가정경제수준	-.046	.308	-.028	.531
가족의 정신장애[6]	-.055	.206	-.049	.252
가족의 자살행동[7]	.027	.537	.032	.456
생활스트레스	.257	.000*	.212	.000*
어머니 지원			-.197	.000*
R^2		.132		.167
Adj. R^2		.113		.146
Model F	6.811(Sig.=.000)		8.174(Sig.=.000)	
R^2 Change				.034
F Change			20.235(Sig.=.000)	
Dubin-Watson				1.888
Tolerance		.559~973		.556~.968

주: 1) 남=1, 여=0　2) 여=1, 부=0　3) 여=1, 부=0　4) 유=1, 무=0
　5) 유=1, 무=0　6) 유=1, 무=0　7) 유=1, 무=0

어머니 지원의 하위영역별 영향에 있어서는 〈표 4-36〉에서 보는 바와 같이 어머니에 의한 평가적 지원만이 자살생각을 감소시키는 것으로 나타났으며(Sig. .029), 다른 영역에서의 어머니에 의한 지원은 자살생각을 감소시키지 못하는 것으로 나타났다.

〈표 4-36〉 자살생각에 대한 어머니 지원 하위영역별 영향

변 인	1단계		2단계	
	Beta	Sig.	Beta	Sig.
성별[1]	-.022	.626	-.015	.736
음주 여부[2]	.118	.014*	.091	.056
흡연 여부[3]	.032	.480	.038	.406
정신과 상담경험[4]	.066	.124	.083	.050*
친구의 자살[5]	.089	.040*	.090	.034*
아버지 학력	.027	.630	.042	.446
어머니 학력	-.117	.033*	-.128	.018*
가정경제수준	-.046	.308	-.031	.485
가족의 정신장애[6]	-.055	.206	-.048	.263
가족의 자살행동[7]	.027	.537	.027	.530
생활스트레스	.257	.000*	.205	.000*
정서적 지원			-.042	.690
정보적 지원			.043	.598
평가적 지원			-.207	.029*
도구적 지원			-.002	.982
R^2		.132		.173
Adj. R^2		.113		.148
Model F	6.811(Sig.=.000)		6.802(Sig.=.000)	
R^2 Change				.041
F Change			6.015(Sig.=.000)	
Dubin-Watson				1.887
Tolerance		.559~973		.151~.953

주: 1) 남=1, 여=0 2) 여=1, 부=0 3) 여=1, 부=0 4) 유=1, 무=0
    5) 유=1, 무=0 6) 유=1, 무=0 7) 유=1, 무=0

한편 생활스트레스와 어머니 지원의 상호작용효과를 알아본 결과, 〈표 4-37〉에서 보는 바와 같이 하위 30%군에서 어머니 지원의 Beta는 -.193 (Sig. .026), R^2는 .073(Sig. .025)이고, 상위 30%군에서의 Beta는 -.282(Sig. .000), R2는 .130(Sig. .000)이다. 즉, 생활스트레스가 낮은 집단에서보다 생활스트레스가 높은 집단에서 자살생각에 대한 어머니 지원의 효과가 더 크다고 볼 수 있다. 따라서 어머니 지원은 생활스트레스와 상호작용을 한다고 볼 수 있다.

〈표 4-37〉 생활스트레스 수준에 따른 어머니 지원의 영향

변 인	하위 30%군		상위 30%군	
	Beta	Sig.	Beta	Sig.
성별[1]	.206	.016*	-.123	.144
음주 여부[2]	.226	.016*	.031	.710
흡연 여부[3]	-.089	.314	.038	.635
정신과 상담경험[4]	-.028	.729	.137	.068
친구의 자살[5]	-.063	.441	.117	.141
아버지 학력	.018	.852	.100	.320
어머니 학력	-.106	.265	-.174	.079
가정경제수준	.062	.455	-.040	.619
가족의 정신장애[6]	-.128	.116	-.059	.446
가족의 자살행동[7]	-.065	.420	.108	.178
어머니 지원	-.193	.026*	-.282	.000*
R^2		.140		.187
Adj. R^2		.073		.130
Model F	2.091(Sig.=.025)		3.296(Sig.=.000)	

주: 1) 남=1, 여=0 2) 여=1, 부=0 3) 여=1, 부=0 4) 유=1, 무=0
   5) 유=1, 무=0 6) 유=1, 무=0 7) 유=1, 무=0

③ 친구 지원

생활스트레스와 자살생각의 관계에 대한 친구 지원의 영향을 알아본 결과, 〈표

4-38〉에서 보는 바와 같이 친구 지원의 Beta는 -.186(Sig. .000)이고 R^2의 변화량은 0.032(Sig. .000)이므로 친구 지원은 자살생각을 감소시킨다고 볼 수 있다. 그리고 친구 지원을 투입한 이후에 생활스트레스의 Beta는 .257(Sig. .000)에서 .240(Sig. .000)으로 약간 감소하였다. 따라서 친구 지원은 자살 생각에 대한 생활스트레스의 영향을 감소시킨다고 볼 수 있으므로 가설 6-1은 지지된다. 통제변인들 중에서는 음주(Sig. .007), 친구의 자살(Sig. .024), 어머니 학력(Sig. .048) 등이 자살생각을 예견하는 것으로 나타났다.

〈표 4-38〉 자살생각에 대한 친구 지원의 영향

변 인	1단계		2단계	
	Beta	Sig.	Beta	Sig.
성별[1]	-.022	.626	-.062	.175
음주 여부[2]	.118	.014*	.127	.007*
흡연 여부[3]	.032	.480	.039	.382
정신과 상담경험[4]	.066	.124	.056	.180
친구의 자살[5]	.089	.040*	.096	.024*
아버지 학력	.027	.630	.027	.622
어머니 학력	-.117	.033*	-.107	.048*
가정경제수준	-.046	.308	-.030	.496
가족의 정신장애[6]	-.055	.206	-.058	.173
가족의 자살행동[7]	.027	.537	.026	.542
생활스트레스	.257	.000*	.240	.000*
친구 지원			-.186	.000*
R^2		.132		.164
Adj. R^2		.113		.144
Model F	6.811(Sig.=.000)		8.036(Sig.=.000)	
R^2 Change				.032
F Change			18.799(Sig.=.000)	
Dubin-Watson				1.899
Tolerance		.559~973		.559~.970

주: 1) 남=1, 여=0 2) 여=1, 부=0 3) 여=1, 부=0 4) 유=1, 무=0 5) 유=1, 무=0
6) 유=1, 무=0 7) 유=1, 무=0

다음으로는 친구 지원의 하위영역별 영향을 알아보았다. 〈표 4-39〉에서 보는 바와 같이 친구에 의한 평가적 지원만이 자살생각을 감소시키는 것으로 나타났으며(Sig. .022), 다른 형태의 지원은 자살생각을 감소시키지 못하는 것으로 나타났다.

〈표 4-39〉 자살생각에 대한 친구 지원 하위영역별 영향

변 인	1단계		2단계	
	Beta	Sig.	Beta	Sig.
성별[1]	-.022	.626	-.053	.246
음주 여부[2]	.118	.014*	.127	.007*
흡연 여부[3]	.032	.480	.036	.427
정신과 상담경험[4]	.066	.124	.060	.155
친구의 자살[5]	.089	.040*	.105	.013*
아버지 학력	.027	.630	.030	.586
어머니 학력	-.117	.033*	-.106	.050*
가정경제수준	-.046	.308	-.029	.517
가족의 정신장애[6]	-.055	.206	-.057	.183
가족의 자살행동[7]	.027	.537	.030	.479
생활스트레스	.257	.000*	.242	.000*
정서적 지원			.070	.427
정보적 지원			.044	.546
평가적 지원			-.189	.022*
도구적 지원			-.128	.090
R^2		.132		.175
Adj. R^2		.113		.150
Model F	6.811(Sig.=.000)		6.919(Sig.=.000)	
R^2 Change				.043
F Change			6.393(Sig.=.000)	
Dubin-Watson				1.912
Tolerance	.559~973		.219~.967	

주: 1) 남=1, 여=0 2) 여=1, 부=0 3) 여=1, 부=0 4) 유=1, 무=0 5) 유=1, 무=0
   6) 유=1, 무=0 7) 유=1, 무=0

한편 생활스트레스와 친구 지원의 상호작용효과를 분석한 결과, 〈표 4-40〉에서 보는 바와 같이 생활스트레스 하위 30%군에서 친구 지원의 Beta는 -.135(Sig. .101), R^2는 .058(Sig. .050)이고, 상위 30%군에서의 Beta는 -.307(Sig. .000), R^2는 .145(Sig. .000)이다. 즉, 생활스트레스가 낮은 집단에서는 친구 지원이 자살생각에 통계적으로 유의미한 수준에서 영향을 미치지 못하고 있고, 생활스트레스가 높은 집단에서는 친구 지원이 통계적으로 유의미한 수준에서 자살생각을 감소시키는 것으로 나타났다. 따라서 친구 지원은 자살행동에 대하여 생활스트레스와 상호작용효과를 가진다고 볼 수 있다.

〈표 4-40〉 생활스트레스 수준에 따른 친구 지원의 영향

변 수	하위 30%군		상위 30%군	
	Beta	Sig.	Beta	Sig.
성별[1]	.189	.031*	-.232	.005*
음주 여부[2]	.271	.003*	.079	.345
흡연 여부[3]	-.106	.231	.056	.479
정신과 상담경험[4]	-.030	.708	.103	.168
친구의 자살[5]	-.021	.789	.120	.128
아버지 학력	.002	.980	.074	.455
어머니 학력	-.112	.245	-.106	.276
가정경제수준	.045	.587	-.049	.529
가족의 정신장애[6]	-.115	.158	-.103	.177
가족의 자살행동[7]	-.062	.446	.100	.207
친구 지원	-.135	.101	-.307	.000*
R^2		.126		.201
Adj. R^2		.058		.145
Model F	1.856(Sig.=.050)		3.603(Sig.=.000)	

주: 1) 남=1, 여=0 2) 여=1, 부=0 3) 여=1, 부=0 4) 유=1, 무=0
    5) 유=1, 무=0 6) 유=1, 무=0 7) 유=1, 무=0

4. 자살계획에 대한 생활스트레스 및 심리사회적 자원의 영향

자살계획에 대한 생활스트레스, 자기존중감, 문제해결능력, 부모와 친구에 의한 사회적 지원 등의 영향에 대한 가설을 검증하기 위하여 2단계로 나누어 로지스틱 회귀분석을 실시하였다. 자살계획의 변량이 적으므로(N 24), 생활스트레스 수준에 따른 조절변인의 상호작용 효과는 분석에서 제외하였다.

1) 자살계획에 대한 생활스트레스의 영향

자살계획에 대한 생활스트레스의 영향을 알아본 결과, 다음의 〈표 4-41〉에서 보는 바와 같이 통제변인들의 영향이 제거될 때 생활스트레스의 Exp(B)는 1.076(Sig. .003)이다. 즉, 생활스트레스가 1단위 증가할 때, 자살계획이 7.6% 증가하는 것으로 볼 수 있다. 따라서 생활스트레스가 증가할수록 자살계획이 증가할 것이라는 본 연구의 가설 1-2는 지지된다. 그리고 생활스트레스가 투입될 때, 통제변인 중에서는 성별(Sig. .024)과 음주(Sig. .024)가 자살계획에 영향을 미치는 것으로 나타났다.

〈표 4-41〉 자살계획에 대한 생활스트레스의 영향

변 수	1단계				2단계			
	B	S.E.	Sig.	Exp(B)	B	S.E.	Sig.	Exp(B)
상수	-2.168	1.159	.062	.114	-3.569	1.291	.006*	.028
성별[1]	-1.528	.594	.010*	.217	-1.363	.604	.024*	.256
음주 여부[2]	1.020	.522	.051	2.774	1.147	.541	.034*	3.148
흡연 여부[3]	-.494	.691	.475	.610	-.679	.717	.343	.507
정신과 상담경험[4]	.710	1.113	.531	2.035	.002	1.402	.999	1.002
친구의 자살[5]	1.647	.995	.098	5.190	2.026	1.056	.055	7.586
아버지 학력	.290	.266	.275	1.336	.282	.276	.307	1.326

변 수	1단계				2단계			
	B	S.E.	Sig.	Exp(B)	B	S.E.	Sig.	Exp(B)
어머니 학력	-.367	.313	.241	.693	-.398	.324	.219	.671
가정경제수준	-.289	.341	.397	.749	-.098	'.357	.784	.907
가족의 정신장애[6]	-.453	.833	.586	.636	-.929	.940	.323	.395
가족의 자살행동[7]	.916	1.434	.523	2.499	.280	1.695	.869	1.323
생활스트레스					.074	.024	.003*	1.076
-2LL				166.911				158.115
Nagelkerke R^2				.158				.210
Chi-square(Sig.)				26.065(.004)				34.860(.000)

주: 1) 남=1, 여=0 2) 여=1, 부=0 3) 여=1, 부=0 4) 유=1, 무=0 5) 유=1, 무=0
6) 유=1, 무=0 7) 유=1, 무=0

한편 다음의 〈표 4-42〉에서 보는 바이 자살계획에 대한 생활스트레스의 하위영역별 영향을 분석한 결과, 건강/안전 영역의 스트레스가 자살계획에 영향을 미치는 것으로 나타났다. 이때의 Exp(B)는 1.264(Sig. .014)로서 건강/안전 영역의 생활스트레스가 1단위 증가할 때 자살계획이 26.4% 증가하는 것으로 볼 수 있다.

〈표 4-42〉 자살계획에 대한 생활스트레스 하위영역별 영향

변 수	1단계				2단계			
	B	S.E.	Sig.	Exp(B)	B	S.E.	Sig.	Exp(B)
상수	-2.168	1.159	.062	.114	-4.006	1.323	.002*	.018
성별[1]	-1.528	.594	.010*	.217	-1.159	.621	.062	.314
음주 여부[2]	1.020	.522	.051	2.774	1.233	.568	.030*	3.432
흡연 여부[3]	-.494	.691	.475	.610	-.832	.762	.275	.435
정신과 상담경험[4]	.710	1.113	.531	2.035	-.218	1.436	.879	.804
친구의 자살[5]	1.647	.995	.098	5.190	2.037	1.064	.056	7.664
아버지 학력	.290	.266	.275	1.336	.246	.281	.382	1.279
어머니 학력	-.367	.313	.241	.693	-.206	.337	.541	.814
가정경제수준	-.289	.341	.397	.749	-.092	.367	.802	.912

변 수	1단계				2단계			
	B	S.E.	Sig.	Exp (B)	B	S.E.	Sig.	Exp (B)
가족의 정신장애[6]	-.453	.833	.586	.636	-1.114	.990	.261	.328
가족의 자살행동[7]	.916	1.434	.523	2.499	-.135	1.691	.937	.874
가족/경제 영역					.093	.085	.273	1.098
학교/학업 영역					-.113	.082	.171	.893
친구/동료 영역					.188	.115	.104	1.206
건강/안전 영역					.234	.095	.014*	1.264
-2LL	166.911				151.873			
Nagelkerke R^2	.158				.246			
Chi-square(Sig.)	26.065(.004)				41.103(.000)			

주: 1) 남=1, 여=0 2) 여=1, 부=0 3) 여=1, 부=0 4) 유=1, 무=0 5) 유=1, 무=0
   6) 유=1, 무=0 7) 유=1, 무=0

그러나 다른 하위 영역의 생활 스트레스는 자살계획에 영향을 미치지 않는 것으로 나타났다.

2) 자살계획에 대한 자기존중감의 영향

생활스트레스와 자살계획의 관계에 대한 자기존중감의 영향을 알아본 결과, 〈표 4-43〉에서 보는 바와 같이 자기존중감이 투입될 때 생활스트레스의 Exp(B)는 1.076(Sig. .003)에서 1.069(Sig. .008)로 독립변인 1단위 당 종속변인의 변화량이 약간 감소되었다. 그러나 자기존중감은 통계적으로 유의하지 않으므로(Sig. .110), 자살계획을 감소시킨다고 볼 수 없다. 따라서 자기존중감이 자살계획에 대한 생활스트레스의 영향을 감소시킬 것이라는 가설 2-2는 기각된다.

<표 4-43> 자살계획에 대한 자기존중감의 영향

변 수	1단계				2단계			
	B	S.E.	Sig.	Exp(B)	B	S.E.	Sig.	Exp(B)
상수	-3.569	1.291	.006*	.028	-1.801	1.715	.294	.165
성별[1]	-1.363	.604	.024*	.256	-1.335	.603	.027*	.263
음주 여부[2]	1.147	.541	.034*	3.148	1.123	.546	.040*	3.075
흡연 여부[3]	-.679	.717	.343	.507	-.530	.704	.452	.589
정신과 상담경험[4]	.002	1.402	.999	1.002	.230	1.319	.861	1.259
친구의 자살[5]	2.026	1.056	.055	7.586	2.007	1.106	.070	7.438
아버지 학력	.282	.276	.307	1.326	.239	.276	.385	1.271
어머니 학력	-.398	.324	.219	.671	-.335	.325	.302	.715
가정경제수준	-.098	.357	.784	.907	.007	.373	.986	1.007
가족의 정신장애[6]	-.929	.940	.323	.395	-.944	.953	.322	.389
가족의 자살행동[7]	.280	1.695	.869	1.323	-.012	1.903	.995	.988
생활스트레스	.074	.024	.003*	1.076	.067	.025	.008*	1.069
자기존중감					-.075	.047	.110	.928
-2LL	158.115				155.477			
Nagelkerke R²	.210				.225			
Chi-square(Sig.)	34.860(.000)				37.499(.000)			

주: 1) 남=1, 여=0 2) 여=1, 부=0 3) 여=1, 부=0 4) 유=1, 무=0 5) 유=1, 무=0
6) 유=1, 무=0 7) 유=1, 무=0

3) 자살계획에 대한 문제해결능력의 영향

생활스트레스와 자살계획의 관계에 대한 문제해결능력의 영향을 알아본 결과 <표 4-44>에서 보는 비와 같이 문제해결능력이 투입될 때, 생활스트레스의 Exp(B)는 1.076(Sig. .003)에서 1.069(Sig. .008)로 독립변인 1단위 당 종속변인의 변화량이 약간 감소되었다. 그러나 문제해결능력은 통계적으로 유의하지 않으므로(Sig. .055), 문제해결능력이 자살계획을 감소시킨다고 볼 수 없다. 따라서 문제해결능력이 자살계획에 대한 생활스트레스의 영향을 감소시킬 것이라는 가설 3-2는 기각된다.

<표 4-44> 자살계획에 대한 문제해결능력의 영향

변 수	1단계				2단계			
	B	S.E.	Sig.	Exp (B)	B	S.E.	Sig.	Exp (B)
상수	-3.569	1.291	.006*	.028	-.864	1.896	.649	.422
성별1)	-1.363	.604	.024*	.256	-1.355	.603	.025*	.258
음주 여부2)	1.147	.541	.034*	3.148	1.145	.551	.038*	3.141
흡연 여부3)	-.679	.717	.343	.507	-.587	.701	.402	.556
정신과 상담경험4)	.002	1.402	.999	1.002	.148	1.353	.913	1.160
친구의 자살5)	2.026	1.056	.055	7.586	2.144	1.117	.055	8.536
아버지 학력	.282	.276	.307	1.326	.280	.276	.312	1.323
어머니 학력	-.398	.324	.219	.671	-.306	.325	.346	.736
가정경제수준	-.098	.357	.784	.907	-.117	.362	.747	.890
가족의 정신장애6)	-.929	.940	.323	.395	-1.035	.979	.290	.355
가족의 자살행동7)	.280	1.695	.869	1.323	.263	1.857	.887	1.301
생활스트레스	.074	.024	.003*	1.076	.067	.025	.008*	1.069
문제해결능력					-.025	.013	.055	.975
-2LL	158.115				154.352			
Nagelkerke R²	.210				.232			
Chi-square(Sig.)	34.860(.000)				38.624(.000)			

주: 1) 남=1, 여=0 2) 여=1, 부=0 3) 여=1, 부=0 4) 유=1, 무=0 5) 유=1, 무=0
　　6) 유=1, 무=0 7) 유=1, 무=0

그리고 자살계획에 대한 문제해결능력의 하위영역별 영향을 검토한 결과, 문제해결의 자신감, 접근 회피양식, 개인적 통제 등 모든 하위영역들이 통계적으로 유의미하지 않은 것으로 나타났다. 자세한 사항은 <표 4-45>에서 보는 바와 같다.

<표 4-45> 자살계획에 대한 문제해결능력 하위영역별 영향

변 수	1단계				2단계			
	B	S.E.	Sig.	Exp (B)	B	S.E.	Sig.	Exp (B)
상수	-3.569	1.291	.006*	.028	-.989	1.953	.613	.372
성별1)	-1.363	.604	.024*	.256	-1.338	.606	.027*	.262

변 수	1단계				2단계			
	B	S.E.	Sig.	Exp (B)	B	S.E.	Sig.	Exp (B)
음주 여부2)	1.147	.541	.034*	3.148	1.148	.551	.037*	3.152
흡연 여부3)	-.679	.717	.343	.507	-.566	.709	.424	.568
정신과 상담경험4)	.002	1.402	.999	1.002	.218	1.369	.873	1.244
친구의 자살5)	2.026	1.056	.055	7.586	2.121	1.122	.059	8.339
아버지 학력	.282	.276	.307	1.326	.277	.277	.318	1.319
어머니 학력	-.398	.324	.219	.671	-.308	.326	.345	.735
가정경제수준	-.098	.357	.784	.907	-.097	.370	.793	.907
가족의 정신장애6)	-.929	.940	.323	.395	-.992	.990	.316	.371
가족의 자살행동7)	.280	1.695	.869	1.323	.253	1.860	.892	1.288
생활스트레스	.074	.024	.003*	1.076	.067	.026	.009*	1.069
문제해결 자신감					-.034	.035	.340	.967
접근-회피반응					-.020	.028	.469	.980
개인적 통제					-.013	.070	.855	.987
-2LL	158.115				154.277			
Nagelkerke R^2	.210				.232			
Chi-square(Sig.)	34.860(.000)				38.699(.000)			

주: 1) 남=1, 여=0 2) 여=1, 부=0 3) 여=1, 부=0 4) 유=1, 무=0 5) 유=1, 무=0
   6) 유=1, 무=0 7) 유=1, 무=0

4) 생활스트레스와 자살계획의 관계에 대한 사회적 지원의 영향

① 아버지 지원

생활스트레스와 자살계획의 관계에 대한 아버지 지원의 영향을 알아본 결과 〈표 4-46〉에서 보는 바와 같이 아버지 지원의 Exp(B)는 .978로서 통계적으로 유의하다(Sig .014). 즉, 아버지 지원이 1단위 증가할 때, 자살계획이 2.2% 감소한다고 볼 수 있다. 이 때 생활스트레스의 Exp(B)는 1.076(Sig. .003)에서 1.063(Sig. .017)으로 변화하므로 아버지 지원은 생활스트레스에 의한 자살계획의 영향을 약간 감소시킨다고 볼 수 있다. 따라서 가설 4-2는 지지된다.

〈표 4-46〉 자살계획에 대한 아버지 지원의 영향

변 수	1단계				2단계			
	B	S.E.	Sig.	Exp(B)	B	S.E.	Sig.	Exp(B)
상수	-3.569	1.291	.006*	.028	-1.390	1.581	.379	.249
성별[1]	-1.363	.604	.024*	.256	-1.289	.604	.033*	.276
음주 여부[2]	1.147	.541	.034*	3.148	1.133	.551	.040*	3.104
흡연 여부[3]	-.679	.717	.343	.507	-.903	.743	.225	.406
정신과 상담경험[4]	.002	1.402	.999	1.002	-.216	1.361	.874	.806
친구의 자살[5]	2.026	1.056	.055	7.586	2.062	1.096	.060	7.861
아버지 학력	.282	.276	.307	1.326	.278	.279	.318	1.320
어머니 학력	-.398	.324	.219	.671	-.446	.331	.178	.640
가정경제수준	-.098	.357	.784	.907	-.078	.364	.831	.925
가족의 정신장애[6]	-.929	.940	.323	.395	-1.158	.953	.224	.314
가족의 자살행동[7]	.280	1.695	.869	1.323	.560	1.643	.733	1.751
생활스트레스	.074	.024	.003*	1.076	.061	.025	.017*	1.063
아버지 지원					-.022	.009	.014*	.978
-2LL	158.115				152.163			
Nagelkerke R²	.210				.245			
Chi-square(Sig.)	34.860(.000)				40.813(.000)			

주: 1) 남=1, 여=0 2) 여=1, 부=0 3) 여=1, 부=0 4) 유=1, 무=0 5) 유=1, 무=0
    6) 유=1, 무=0 7) 유=1, 무=0

한편 통제변인 중에서는 성별(Sig. .033)과 음주여부(Sig. .040)가 자살계획에 영향을 미치는 것으로 나타났다.

그리고 〈표 4-47〉에서 보는 바와 같이 아버지 지원의 하위영역에 있어서는 정서적 지원만이 통계적으로 유의미한 수준에서 자살계획을 감소시키는 것으로 나타났다(Sig. .021). 이 때의 Exp(B)는 .813이므로 아버지에 의한 정서적 지원이 1단위 증가할 때 자살계획이 18.7% 감소한다고 볼 수 있다. 그 외에 아버지에 의한 정보적, 평가적, 도구적 지원은 자살계획을 감소시키지 못하는 것으로 나타났다.

〈표 4-47〉 자살계획에 대한 아버지 지원 하위영역별 영향

변 수	1단계				2단계			
	B	S.E.	Sig.	Exp(B)	B	S.E.	Sig.	Exp(B)
상수	-3.569	1.291	.006*	.028	-1.880	1.626	.248	.153
성별[1]	-1.363	.604	.024*	.256	-1.427	.616	.020*	.240
음주 여부[2]	1.147	.541	.034*	3.148	1.212	.563	.031*	3.361
흡연 여부[3]	-.679	.717	.343	.507	-1.009	.744	.193	.365
정신과 상담경험[4]	.002	1.402	.999	1.002	-.109	1.281	.932	.896
친구의 자살[5]	2.026	1.056	.055	7.586	1.998	1.093	.067	7.375
아버지 학력	.282	.276	.307	1.326	.215	.289	.458	1.240
어머니 학력	-.398	.324	.219	.671	-.355	.339	.295	.701
가정경제수준	-.098	.357	.784	.907	-.027	.367	.942	.974
가족의 정신장애[6]	-.929	.940	.323	.395	-1.493	1.005	.137	.225
가족의 자살행동[7]	.280	1.695	.869	1.323	.697	1.672	.677	2.007
생활스트레스	.074	.024	.003*	1.076	.063	.026	.015*	1.065
정서적 지원					-.207	.090	.021*	.813
정보적 지원					.069	.083	.409	1.071
평가적 지원					.009	.097	.925	1.009
도구적 지원					.077	.099	.438	1.080
-2LL	158.115				147.477			
Nagelkerke R^2	.210				.271			
Chi-square(Sig.)	34.860(.000)				45.499(.000)			

주: 1) 남=1, 여=0 2) 여=1, 부=0 3) 여=1, 부=0 4) 유=1, 무=0 5) 유=1, 무=0
6) 유=1, 무=0 7) 유=1, 무=0

② 어머니 지원

생활스트레스와 자살계획의 관계에 대한 어머니 지원의 영향을 알아본 결과 〈표 4-48〉에서 보는 바와 같이 어머니 지원의 Exp(B)는 .966으로서 통계적으로 유의하다(Sig .001). 따라서 어머니 지원이 1단위 증가할 때, 자살계획이 3.4% 감소한다고 볼 수 있다. 그리고 어머니 지원이 투입될 때 생활스트레스의 Exp(B)는 1.076(Sig .003)에서 1.051(Sig .060)로 변화하며, 2단계에서의 생활스트레스는 통계적으로 유의미하지 않다. 따

라서 어머니 지원은 생활스트레스에 의한 자살계획을 감소시킨다고 볼 수 있으며 가설 5-2는 지지된다. 한편 통제변인 중에서는 성별(Sig. .034)과 음주여부(Sig. .042)가 자살계획에 영향을 미치는 것으로 나타났다.

〈표 4-48〉 자살계획에 대한 어머니 지원의 영향

변 수	1단계				2단계			
	B	S.E.	Sig.	Exp(B)	B	S.E.	Sig.	Exp(B)
상수	-3.569	1.291	.006*	.028	-.232	1.638	.887	.793
성별[1]	-1.363	.604	.024*	.256	-1.307	.615	.034*	.271
음주 여부[2]	1.147	.541	.034*	3.148	1.145	.562	.042*	3.142
흡연 여부[3]	-.679	.717	.343	.507	-.730	.717	.308	.482
정신과 상담경험[4]	.002	1.402	.999	1.002	.152	1.624	.925	1.165
친구의 자살[5]	2.026	1.056	.055	7.586	1.995	1.076	.064	7.354
아버지 학력	.282	.276	.307	1.326	.370	.276	.180	1.448
어머니 학력	-.398	.324	.219	.671	-.535	.330	.105	.586
가정경제수준	-.098	.357	.784	.907	-.007	.364	.984	.993
가족의 정신장애[6]	-.929	.940	.323	.395	-.820	.988	.407	.440
가족의 자살행동[7]	.280	1.695	.869	1.323	.719	1.606	.655	2.051
생활스트레스	.074	.024	.003*	1.076	.050	.027	.060	1.051
어머니 지원					-.035	.010	.001*	.966
-2LL	158.115				146.811			
Nagelkerke R²	.210				.275			
Chi-square(Sig.)	34.860(.000)				46.165(.000)			

주: 1) 남=1, 여=0 2) 여=1, 부=0 3) 여=1, 부=0 4) 유=1, 무=0 5) 유=1, 무=0
6) 유=1, 무=0 7) 유=1, 무=0

그러나 자살계획에 대한 어머니 지원의 하위영역별 영향을 살펴본 결과, 어머니 지원의 모든 하위 영역이 통계적 유의성을 나타내지 않았다. 자세한 사항은 다음의 〈표 4-49〉에서 보는 바와 같다.

〈표 4-49〉 자살계획에 대한 어머니 지원 하위영역별 영향

변 수	1단계				2단계			
	B	S.E.	Sig.	Exp(B)	B	S.E.	Sig.	Exp(B)
상수	-3.569	1.291	.006*	.028	-.660	1.675	.694	.517
성별[1]	-1.363	.604	.024*	.256	-1.384	.633	.029*	.251
음주 여부[2]	1.147	.541	.034*	3.148	1.183	.568	.037*	3.264
흡연 여부[3]	-.679	.717	.343	.507	-.660	.725	.362	.517
정신과 상담경험[4]	.002	1.402	.999	1.002	.226	1.588	.887	1.254
친구의 자살[5]	2.026	1.056	.055	7.586	1.852	1.085	.088	6.372
아버지 학력	.282	.276	.307	1.326	.377	.283	.182	1.459
어머니 학력	-.398	.324	.219	.671	-.496	.340	.144	.609
가정경제수준	-.098	.357	.784	.907	.014	.358	.969	1.014
가족의 정신장애[6]	-.929	.940	.323	.395	-.877	.997	.379	.416
가족의 자살행동[7]	.280	1.695	.869	1.323	.782	1.602	.626	2.186
생활스트레스	.074	.024	.003*	1.076	.050	.027	.058	1.052
정서적 지원					-.136	.098	.164	.873
정보적 지원					-.042	.089	.636	.959
평가적 지원					.055	.109	.614	1.056
도구적 지원					.009	.101	.933	1.009
-2LL	158.115				145.565			
Nagelkerke R^2	.210				.282			
Chi-square(Sig.)	34.860(.000)				47.411(.000)			

주: 1) 남=1, 여=0 2) 여=1, 부=0 3) 여=1, 부=0 4) 유=1, 무=0 5) 유=1, 무=0
6) 유=1, 무=0 7) 유=1, 무=0

③ 친구 지원

생활스트레스와 자살계획의 관계에 대한 친구 지원의 영향을 알아보았다. 친구 지원이 투입될 때 생활스트레스의 Exp(B)는 1.076(Sig. .003)에서 1.066(Sig. .012)으로 변화한다. 그러나 친구 지원의 Exp(B)는 .974 (Sig .072)로서 통계적으로 유의하지 않다. 따라서 친구 지원이 생활스트레스에 의한 자살계획을 감소시킬 것이라는 가설 6-2는 기각된다. 자세한 사항은 〈표 4-50〉에 제시되어 있다.

〈표 4-50〉 자살계획에 대한 친구 지원의 영향

변 인	1단계				2단계			
	B	S.E.	Sig.	Exp(B)	B	S.E.	Sig.	Exp(B)
상수	-3.569	1.291	.006*	.028	-1.284	1.775	.470	.277
성별[1]	-1.363	.604	.024*	.256	-1.594	.623	.010*	.203
음주 여부[2]	1.147	.541	.034*	3.148	1.289	.556	.020*	3.631
흡연 여부[3]	-.679	.717	.343	.507	-.614	.714	.390	.541
정신과 상담경험[4]	.002	1.402	.999	1.002	-.213	1.633	.896	.808
친구의 자살[5]	2.026	1.056	.055	7.586	2.160	1.067	.043*	8.669
아버지 학력	.282	.276	.307	1.326	.291	.280	.300	1.337
어머니 학력	-.398	.324	.219	.671	-.366	.322	.255	.693
가정경제수준	-.098	.357	.784	.907	-.061	.355	.864	.941
가족의 정신장애[6]	-.929	.940	.323	.395	-.967	.975	.321	.380
가족의 자살행동[7]	.280	1.695	.869	1.323	.395	1.710	.817	1.484
생활스트레스	.074	.024	.003*	1.076	.064	.025	.012*	1.066
친구 지원					-.026	.015	.072	.974
-2LL	158.115				154.859			
Nagelkerke R²	.210				.229			
Chi-square(Sig.)	34.860(.000)				38.117(.000)			

주: 1) 남=1, 여=0 2) 여=1, 부=0 3) 여=1, 부=0 4) 유=1, 무=0 5) 유=1, 무=0
   6) 유=1, 무=0 7) 유=1, 무=0

한편 〈표 4-51〉에서 보는 바와 같이 친구지원의 하위영역에 있어서는 도구적 지원만이 통계적으로 유의미한 수준에서 자살계획을 감소시키는 효과가 있는 것으로 나타났다(Sig. .022). 이때의 Exp(B)는 .811이므로 친구에 의한 도구적 지원이 1단위 증가할 때 자살계획이 18.9% 감소한다고 볼 수 있다.

<표 4-51> 자살계획에 대한 친구 지원 하위영역별 영향

변 수	1단계				2단계			
	B	S.E.	Sig.	Exp(B)	B	S.E.	Sig.	Exp(B)
상수	-3.569	1.291	.006*	.028	-2.021	1.868	.279	.133
성별[1]	-1.363	.604	.024*	.256	-1.542	.630	.014*	.214
음주 여부[2]	1.147	.541	.034*	3.148	1.362	.563	.015*	3.904
흡연 여부[3]	-.679	.717	.343	.507	-.554	.724	.444	.575
정신과 상담경험[4]	.002	1.402	.999	1.002	-.185	1.520	.903	.831
친구의 자살[5]	2.026	1.056	.055	7.586	2.381	1.078	.027*	10.814
아버지 학력	.282	.276	.307	1.326	.276	.284	.331	1.317
어머니 학력	-.398	.324	.219	.671	-.387	.328	.238	.679
가정경제수준	-.098	.357	.784	.907	-.003	.345	.993	1.003
가족의 정신장애[6]	-.929	.940	.323	.395	-.974	.973	.317	.377
가족의 자살행동[7]	.280	1.695	.869	1.323	.339	1.656	.838	1.404
생활스트레스	.074	.024	.003*	1.076	.072	.026	.006*	1.074
정서적 지원					.049	.100	.623	1.050
정보적 지원					-.023	.085	.785	.977
평가적 지원					.067	.103	.514	1.070
도구적 지원					-.209	.092	.022*	.811
-2LL	158.115				150.440			
Nagelkerke R^2	.210				.254			
Chi-square(Sig.)	34.860(.000)				42.536(.000)			

주: 1) 남=1, 여=0 2) 여=1, 부=0 3) 여=1, 부=0 4) 유=1, 무=0 5) 유=1, 무=0
    6) 유=1, 무=0 7) 유=1, 무=0

제 5 장

연구결과 요약 및 논의

제1절 연구결과 요약

  본 연구는 우리나라 청소년들의 자살행동에 대한 생활스트레스와 자기존중감, 문제해결능력, 부모와 친구에 의한 사회적 지원 등의 영향을 검토하였다. 이에 선행연구들과 기사 및 수기 등에 대한 검토와 더불어 자살행동을 경험한 소수의 청소년에 대한 질적 면접조사를 실시하였고, 일반화를 시도하기 위하여 대표본에 대한 양적 설문조사를 실시하였다.

  먼저 질적 면접조사는 청소년 쉼터에 거주하고 있는 남녀 청소년 8명을 대상으로 실시하였으며, 자료수집과 분석에 있어서 근거이론 방법을 사용하였다. 조사결과, 이들 청소년들은 심각한 수준의 생활스트레스 사건으로 인한 신체적 및 정신적 고통을 경험한 바 있다. 그러나 이들에게는 그러한 고통을 벗어나는 데 필요한 자원, 즉 먹을 것과 잠잘 곳 등의 생존자원과 자기존중감, 문제해결능력, 부모와 친구에 의한 사회적 지원 등의 심리사회적 자원이 결여되어 있다. 결국 이들 청소년들은 분노의 억압, 절망, 우울 등의 전략을 통하여 자살행동에 이르게 된 것으로 보인다.

  이어서 선행연구와 질적 면접조사의 결과로부터 도출된 가설을 일반인구 집단에 속한 청소년들에 대하여 일반화하고자 서울과 경기지역의 고등학교에 재학 중인 남녀 학생들을 대상으로 양적 설문조사를 실시하였으며, 결과

분석에는 521명의 자료가 사용되었다.

결과를 요약하면, 생활스트레스는 자살행동을 증가시키며, 특히 부모에 의한 사회적 지원은 생활스트레스에 의한 자살행동을 감소시키는 효과가 있는 것으로 나타났다. 이를 보다 구체적으로 제시하면 다음과 같다.

조사일 이전 1개월 동안의 자살생각 유병률은 63.3%로 나타났으며, 자살계획 유병률은 4.6%로 나타났다. 그리고 성별, 음주여부 등 통제변인들의 영향을 제거한 이후에도 생활스트레스는 자살생각에 대한 6.0%의 설명력을 가지며, 생활스트레스가 1단위 증가할 때, 자살계획이 7.6% 증가하는 것으로 나타났다.

자살생각에 대한 분석결과, 생활스트레스가 자살생각을 증가시키는 것으로 나타났는데, 하위영역 중에서는 특히 친구 / 동료 영역의 생활스트레스가 자살생각에 영향을 미치는 것으로 나타났다. 그리고 자기존중감, 문제해결 능력, 부모와 친구에 의한 사회적 지원 등은 모두 생활스트레스에 의한 자살생각을 감소시키는 것으로 나타났다. 문제해결능력의 하위차원 중에서는 문제해결의 자신감과 개인적 통제가 자살생각을 감소시키는 것으로 나타났으며, 사회적 지원의 하위차원 중에서는 평가적 지원이 부모와 친구 등의 지지원에 관계없이 자살생각을 감소시키는 것으로 나타났다. 그 외에 통제 변인들 중에서는 특히 음주, 친구의 자살에 대한 노출경험, 어머니 학력 등이 자살생각을 증가시키는 것으로 나타났다.

그리고 자살계획에 대한 분석에 있어서는, 생활스트레스가 자살계획을 증가시키는 것으로 나타났으며, 하위영역 중에서는 특히 건강 / 안전 영역의 생활스트레스가 자살계획에 영향을 미치는 것으로 나타났다. 그런데 부모에 의한 사회적 지원은 자살계획을 감소시키는 것으로 나타났지만, 자기존중감, 문제해결능력, 친구에 의한 사회적 지원 등은 생활스트레스에 의한 자살계획을 감소시키는 효과가 없는 것으로 나타났다. 그 외에 통제변인들 중에서는 특히 성별과 음주가 자살계획을 증가시키는 것으로 나타났다.

제2절 연구결과 논의 및 제언

1. 실천적 함의

연구결과로부터 다음과 같은 몇 가지 함의를 도출할 수 있다.

첫째, 본 연구는 우리나라 청소년들의 높은 자살행동 유병률을 보여주고 있다. 그런데 자살생각이나 자살계획은 자살시도나 실제적인 자살 등 보다 심각한 자살행동으로 이어질 수 있으므로 우리 사회는 청소년의 자살행동에 대하여 보다 많은 관심을 기울일 필요가 있다고 하겠다.

둘째, 조사일 이전 1개월 동안의 생활스트레스 정도에서는 학교 / 학업 스트레스가 다른 영역의 스트레스에 비해 상대적으로 높았으나, 자살생각에 대해서는 친구 / 동료 스트레스가 영향을 미치고 있고, 자살계획에 대해서는 건강 / 안전 스트레스가 영향을 미치는 것으로 나타났다. 이러한 결과는 우리나라 청소년들의 자살행동에 대한 개입에 있어서는 친구 / 동료, 건강 / 안전 영역에 초점을 둘 필요가 있음을 말해주는 것이라고 하겠다.

셋째, 자기존중감과 문제해결능력은 생활스트레스에 의한 자살계획에는 영향을 미치지 못하지만, 자살생각을 감소시키는 효과가 있는 것으로 나타났다. 특히 문제해결능력은 생활스트레스가 높은 집단에서 더 효과적인 것으로 나타났다. 자살생각은 보다 심각한 자살행동으로 이어질 수 있으므로 생활스트레스가 높은 청소년들로 하여금 적절한 자기존중감을 유지하고, 문제해결에 대한 자신감을 가지며, 자신의 감정을 통제할 수 있는 능력을 갖도록 함으로써 자살생각을 감소시키도록 도울 필요가 있을 것이다.

넷째, 부모와 친구에 의한 사회적 지원은 청소년들의 자살생각에 대한 생활스트레스의 영향을 감소시키는 것으로 나타났다. 그런데 부모에 의한 사회적 지원은 자살계획을 감소시키지만, 친구에 의한 지원은 그렇지 않은 것으로 나타났다. 그러므로 자살행동의 형태에 따른 지지원의 효과를 인식하는 개입이 필요하다고 할 수 있다. 또한 부모와 친구에 의한 평가적 지원은 자살생각을 감소시키는 효과가 있는 것으로 나타났다. 따라서 청소년 또래집단이나 부모집단 등에 대한 개입에 있어서 청소년들의 행동에 대한 공정한 평가와 인정 등 평가적 지원을 중요하게 다루어야 할 것이다.

다섯째, 여러 회귀식에서 성별, 음주, 친구의 자살에 대한 노출 경험, 어머니의 학력 등이 자살행동을 예견하는 것으로 나타났으므로 청소년의 자살행동에 대한 평가를 위한 상담에서 이를 유념할 필요가 있다고 본다.

2. 학문적 의의

본 연구는 다음과 같은 면에서 학문적 의의를 가진다.

첫째, 자살행동의 하위 유형을 명확히 구분하는 것은 자살행동에 대한 이해를 향상시키는 데에 있어서 중요하다. 이에 본 연구에서는 자살행동을 행동적 표현여부를 기준으로 자살생각과 자살계획을 명확히 구분하여 제시하였다.

둘째, 그 동안 국내에서는 자살행동에 대한 생활스트레스의 영향에 관하여 연구할 때 생활스트레스 요인을 주로 주요한 생활사건으로 한정하였다. 그러나 본 연구는 생활스트레스에 주요한 생활사건과 사소한 생활사건 모두를 포함시켰고, 나아가 생활스트레스에 시간성과 응답자의 평가를 반영함으로써 생활스트레스를 보다 엄격하게 정의하고, 측정하였다.

셋째, 일반인구 집단에 속한 청소년의 자살행동에 대한 자기존중감과 문제해결능력의 효과에 대한 증거는 아직 부족하다. 그런데 본 연구는 일반 청소년들을 대상으로 연구함으로써 이에 대한 보다 확대된 증거를 보여주고 있다.

넷째, 그 동안의 연구들은 사회적 지원에 대해서 말할 때 주로 정서적 지원에 초점을 두어 왔다. 그러나 본 연구는 사회적 지원을 다차원적인 개념으로 이해하고, 각 하위차원들이 자살행동에 대하여 가지는 효과에 대해서도 분석함으로써 사회적 지원에 대한 확대된 이해를 제공하고 있다.

3. 제　언

본 연구를 통해서 발견한 이후의 연구에 대한 제언은 다음과 같다.

첫째, 본 연구에서는 자살행동과 생활 스트레스를 조사일 이전 1개월 동안에 발생한 사건이나 생각 등으로 제한하였다. 그러나 1개월이라는 단기간 동안에 발생한 주요한 생활사건과 자살계획의 변량이 적으므로, 이에 대한 보다 많은 정보를 얻기 위해서는 측정대상기간을 달리하는 후속연구가 필요하다.

둘째, 자기존중감의 원척도(RSES)는 "내가 나 자신을 더 존중할 수 있었으면 좋겠다"는 문항에 대한 응답을 역부호화하도록 지침을 제공하고 있다. 그러나 역부호화할 경우에 그 결과는 긍정형의 다른 문항과 역의 상관관계를 보인다. 따라서 본 문항에 대한 긍정 / 부정의 응답이 자기존중감의 긍정 / 부정과 어떠한 관계를 갖는지에 대한 보다 엄격한 확인이 필요하다.

셋째, 본 연구에서 문제해결능력의 하위 차원 중 하나인 접근　회피 양식은 자살생각과 자살계획에 유의미한 영향을 미치지 못하는 것으로 확인되었다. 따라서 청소년들 자신이 감당하기 어려운 어떠한 문제가 닥쳤을 때 접근 또는 회피 양식 중 어느 것이 더 바람직한가에 대한 결론을 내리는 것은 성급하다. 따라서 이에 대한 보다 확대된 연구가 필요하다.

넷째, 친구의 범위에 대한 명확한 기준 없이는 자살행동에 대한 친구에 의한 사회적 지원의 영향을 정확히 판단하기 힘들다. 따라서 친구에 의한 사회적 지원을 측정함에 있어서 친구의 범위를 보다 명확히 정의하여 측정할 필요가 있다. 한 예로는 연구자가 친구의 특성을 규정하여 제시하고, 응답자로 하여금 자신의 친구를 적도록 하는 것을 생각해 볼 수 있다.

참고문헌

김재엽·최선희. (1998). "청소년 스트레스가 폭력비행에 미치는 영향". **사회과학 논집**, 29, 181-206.

김정희·이장호 역. (2000). **현대심리치료**. 서울: 중앙적성출판사.

박광배·신민섭. (1991). "고등학생의 지각된 스트레스와 자살생각". **한국심리학회지: 임상**, 10(1), 298-314.

박지원. (1985). **사회적 지지척도 개발을 위한 일 연구**. 연세대학교 박사학위논문.

신경림 역. (2001). **질적연구 근거이론의 단계**. 서울: 현문사.

윤성림·윤진. (1993). "청소년기 자살생각과 그 관련변인". **한국심리학회지: 발달**, 6(1), 107-120.

임숙빈·정철순. (2002). "자살을 생각한 고등학생들과 그렇지 않은 학생들의 스트레스원과 대응행위 비교". **대한간호학회지**, 32(2), 254-264.

조성진·전홍진·김장규·서동우·김선욱·함봉진·서동혁·정선주·조맹제. (2002). "중·고등학교 청소년의 자살사고 및 자살시도의 유병률과 자살시도의 위험요인에 관한 연구". **신경정신의학**, 41(6), 1142-1155.

통계청. http://www.nso.go.kr

한국아동학회·한솔교육문화연구원. (2001). **아동발달백서**.

홍나미·정영순. (1999). "청소년 자살생각 영향요인 분석". **한국사회복지학**, 37(4), 449-473.

홍영수·김재엽. (2003). "발달장애아동 어머니의 정신건강 개선 프로그램의 개발과 효과성 평가". **한국사회복지행정학**, 9, 169-187.

Atkinson, Rita L., Atkinson, Richard C., & Hilgard, Ernest R. (1987). Introduction to Psychology(8th edition), International Thomson Publishing. 재인용: 이훈구 역. (1986). **현대심리학개론**. 서울: 정민사.

Baumeister, R. F. (1990). Suicide as escape from self. *Psychological Review, 97,* 90-113. In A. Reifman, & M. Windle. (1995). Adolescent suicidal behaviors as a function of depression, hopelessness, alcohol use, and social support: A longitudinal investigation. *American Journal of community Psychology, 23(3),* 329-354.

Brent, D. A., Moritz, G., Bridge, J., Perper, J., & Canobbio, R. (1996). The impact of adolscent suicide on siblings and parents: A longitudinal follow-up. *Suicide & Life-Threatening Behavior, 26(3),* 253-259.

Carris, M. J., Sheeber, L., & Howe, S. (1998). Family rigidity, adolescent problem-solving deficits, and suicidal ideation: A mediational model. *Journal of Adolescence, 21,* 459-472.

Centers for disease control and prevention. http://www.cdc.gov

Chang, E. C. (2001). Life stress and depressed mood among adolescents: Examining a cognitive-effective mediation model. *Journal of Social and Clinical Psychology, 20(3),* 416-429.

Chang, E. C. (2002). Predicting suicide ideation in an adolescent population: Examining the role of social problem solving as a moderator and a mediator. *Personality and Individual Difference, 32,* 1279-1291.

Cohen, S., & Wills, T. A. (1985). Stress, social support, and the buffering hypothesis. *Psychological Bulletin, 98,* 310-357.

Coopersmith, S. (1967). *The Antecedents of Self-Esteem.* San Francisco, CA: W. H. Freeman.

De Wilde, E. J., Kienhorst, I. C. W. M., Diekstra, R. F. W., & Wolters, W. H. G. (1992). The relationship between adolescent suicidal behavior and life events in childhood and adolescence. *The American Journal of Psychiatry, 149(1),* 45-51.

Dixon, W., Heppner, P. P., & Anderson, W. (1991). Problem-solving appraisal, stress, hopelessness, and suicide ideation in a college population. *Journal of Counseling Psychology, 38(1),* 51-56.

Dixon, W., Rumford, K., Heppner, P., & Lips, B. (1992). Use of different sources of stress to predict hopelessness and suicide ideation in a college population. *Journal of Counseling Psychology, 39,* 342-349.

Dori, G. A., & Overholser, J. C. (1999). Depression, hopelessness, and self-esteem: Accounting for suicidality in Adolescent psychiatric inpatients. *Suicide and Life-Threatening Behavior, 29(4),* 309-318.

Dubois, D. L., Felner, R. D., & Meares, H. (1994). Prospective investigation of the effects of socioeconomic disadvantage, life stress, and social support on early adolescent adjustment. *Journal of Abnormal Psychology, 103,* 511-22.

Dubow, E. F., Kausch, D. F., Blum, M. C., Reed, J., & Bush, E. (1989). Correlates of suicidal ideation and attempts in a community sample of junior high and high school students. *Journal of Clinical Child Psychology, 18,* 158-166.

Dumont, M., & Provost, M. A. (1999). Resilience in adolescents: Protective role of social support, coping strategies, self-esteem, and social activities on experiences of stress and depression. *Journal of Youth and Adolescence, 28(3),* 343-363.

D'Zurilla, T. J., & Nezu, A. M. (1990). Development and preliminary evaluation of the Social Problem-Solving Inventory(SPSI). *Psychological Assessment, 2,* 156-163.

Garbarino, J. (1985). *Adolescent Development: An Ecological Approach.* Columbus, OH: Charles E. Merrill.

Gecas, V. (1971). Parental behavior and dimensions of adolescent self-evaluation. *Sociometry, 34(4),* 466-482.

Gecas, V. (1972). Parental behavior and contextual variations in adolescent self-esteem. *Sociometry, 35(2),* 332-345.

Hagborg, W. J. (1993). The Rosenberg Self-Esteem Scale and

Harter's Self-Perception Profile for adolescents: A concurrent validity study. *Psychology in the Schools, 30,* 132-136.

Hawton, K., Haw, C., Houston, K., & Townsend, E. (2002). Family history of suicidal behaviour: Prevalence and significance in deliberate self-harm patients. *Acta Psychiatrica Scandinavica, 106,* 387-393.

Heitzmann, C. A., & Kaplan, R. M., (1988). Assessment of methods for measuring social support. *Health Psychology, 7,* 75-109.

Henry, C. S., Stephenson, A. L., Hanson, M. F., & Hargett, W. (1993). Adolescent suicide and families: An ecological approach. *Adolescence, 28(110),* 291-308.

Heppner, P. P. & Baker, C. E. (1997). Applications of the problem solving inventory. *Measurement & Evaluation in Counseling & Development, 29(4),* 229-242.

Heppner, P. P. & Petersen, C. H. (1982). The development and implications of a personal problem-solving inventory. *Journal of Counseling Psychology, 29,* 66-75.

Huff, C. O. (1999). Source recency, and degree of stress in adolescence and suicidal ideation. *Adolescence, 34(133).*

Johnson, J. H., & McCutcheon, S. (1980). Assessing life stress in older children and adolescents: Preliminary findings with the Life Events Checklist. In I. E. Sarason & C. D. Spielberger(Eds.). *Stress and anxiety(Vol. 7).* New York: Hemisphere Publishing.

Jones, G. D. (1997). The role of drugs and alcohol in urban minority adolescent suicide attempts. *Death Studies, 21(2),* 189-202.

Kanner, A. D., Coyne, J. C., Schaefer, C., & Lazarus, R. S. (1981). Comparison of two modes of stress measurement: Daily hassles and uplifts versus major life events. *Journal of Behavioral Medicine, 4,* 1-39.

Kelly, T. M., Cornelius, J. R., & Lynch, K. G. (2002). Psychiatric and substance use disorders as risk factors for attempted suicide among adolescents: A case control study. *Suicide & Life -Threatening Behavior, 32(3),* 301-312.

Kelly, T. M., Lynch, K. G., Donovan, J. E., & Clark, D. B. (2001). Alcohol use disorders and risk factor interactions for adolescent suicidal ideation and attempts. *Suicide & Life Threatening Behavior, 31(2),* 181-193.

Kessler, R. C. (1997). The effects of Stressful life events on depression. *Annual Review of Psychology, 48,* 191-214.

Kienhorst, W. M., De Wilde, E. J., Van Den Bout, J., Diekstra, R. F., & Wolster, W. H. (1990). Characteristics of suicide attempters in a population-based sample of Dutch adolescents. *British Journal of Psychiatry, 156,* 243-248.

Lazarus, R. S., & Folkman, S. (1984). *Stress, Appraisal, and Coping.* New York: Springer Publishing Company.

Levy, S. R., Jurkovic, G. L., & Spirito, A. (1995). A multisystem analysis of adolescent suicide attempters. *Journal of Abnormal Child Psychology, 23(2),* 221-234.

Lewinson, P. M., Rohde, P., & Seeley, J. R. (1997). Psychosocial characteristics of adolescents with a history of suicide attempt. *Journal of the American Academy of Child and Adolescent Psychiatry, 32,* 60-68.

Lyon, M. E., Benoit, M., O'Donnell, R. M., Getson, P. R., Silber, T., & Walsh, T. (2000). Assessing african american adolescent's risk for suicide attempts: Attachment theory. *Adolescence, 35(137),* 121-134.

Malecki, C. K., & Demaray, M. K. (2002). Measuring perceived social support: Development of the child and adolescent social support scale. *Psychology in the Schools, 39(1),* 1-18.

Maslow, A. H. (1968). *Toward a Psychology of Being(2nd ed.).* New

York: Van Nostrand Reinhold.

Marciano, P. L., & Kazdin, A. E. (1994). Self-esteem, depression, hopelessness, and suicidal intent among psychiatrically disturbed inpatient children. *Journal of Clinical Child Psychology, 23,* 151-160.

Marcenko, M. O., Fishman, G., & Friedman, J. (1999). Reexamining adolescent suicidal ideation: A developmental perspective applied to a diverse population. *Journal of Youth and adolescence, 28(1),* 121-138.

Mazza, J. J., & Reynolds, W. M. (1998). A longitudinal investigation of depression, hopelessness, social support, and major and minor life events and their relation to suicidal ideation in adolescents. *Suicide & Life -Threatening Behavior, 28(4),* 358-374.

Mullis, R. L., Youngs, G. A. Jr., Mullis, A. K., & Richard, W. (1993). Adolescent stress: Issues of measurement. *Adolescence, 28(110),* 267-279.

Myers, K., McCauley, E., Caldero, R., Mitchell, J., Burke, P., & Schloredt, K. (1991). Risks for suicidality in major depressive disorders. *Journal of the American Academy of Child and Adolescent Psychiatry, 30,* 86-94.

Nielsen, D. M., & Metha, A. (1994). Parental behavior and adolescent self-esteem in clinical and nonclinical samples. *Adolescence, 29(115),* 525-542.

Openshaw, D. K., Thomas, D. L., & Rollins, B. C. (1981). Adolescent self-esteem: A multidimensional perspective. *Journal of Early Adolescence, 1,* 273-282.

Overholser, J. C., Adams, D. M., Lehnert, K. L., & Brinkman, D. C. (1995). Self-esteem deficits and suicidal tendencies among adolescents. *Journal of the American Academy of Child and Adolescent Psychiatry, 34,* 919-928.

Overholser, J. C., Brinkman, D. C., Lehnert, K. L., & Ricciardi,

A. M. (1995). Children's Depression Rating Scale-Revised: Development of a short form. *Journal of Clinical Child Psychology, 24,* 443-452.

Pinto, A., & Whisman, M. A. (1996). Negative affect and cognitive biases in suicidal and nonsuicidal hospitalized adolescents. *Journal of the American Academy of Child and Adolescent Psychiatry, 35,* 158-165.

Pinto, A., Whisman, M. A., & McCoy, K. (1997). Suicidal ideation in adolescents: Psychometric properties of the suicidal ideation questionnaire in a clinical sample. *Psychological Assessment, 9,* 63-66.

Portes, P. R., Sandhu, D. S., & Longwell-Grice, R. (2002). Understanding adolescent suicide: A psychosocial interpretation of developmental and contextual factors. *Adolescence, 37(148),* 805-814.

Printz, B. L., Shermis, M. D., & Webb, P. M. (1999). Stress-buffering factors related to adolescent coping: A path analysis. *Adolescence, 34(136),* 715-734.

Qin, P., Agerbo, E., & Bo Mortensen, P. (2002). Suicide risk in relation to family history of completed suicide and psychiatric disorders: A nested case-control study based on longitudinal registers. *Lancet(Elsevier), 360(9340),* 1126-1130.

Reifman, A. & Windle, M. (1995). Adolescent suicidal behaviors as a function of depression, hopelessness, alcohol use, and social support: A longitudinal investigation. *American Journal of community Psychology, 23(3),* 329-354.

Reinecke, M. A., DuBois, D. L., & Schultz, T. M. (2001). Social problem solving, mood, and suicidality among inpatient adolescents. *Cognitive Therapy and Research, 25(6),* 743-756.

Reynolds, W. M. (1988). *Suicidal ideation questionnaire professional manual.* FL: Psychological Assessment Resources, Inc.

Roberts, R. E., Chen Y. R., & Roberts, C. R. (1997). Ethnocultural differences in prevalence of adolescent suicidal behaviors. *Suicide & Life -Threatening Behavior, 27(2),* 208-217.

Rodham, K., Hawton, K., & Evans, E. (2004). Reasons for deliberate self-Harm: Comparison of self-poisoners and self-cutters in a community sample of adolescents. *Journal of the American Academy of Child & Adolescent Psychiatry, 43(1),* 80-88.

Rogers, C. R. (1951). *Client-Centered Therapy: Its Current Practice, Implications, and Theory.* Boston: Houghton Mifflin Company.

Rosenberg, M. (1965). *Society and the adolescent self-image.* Princeton University Press.

Rowlison, R. T., & Felner, R. D. (1988). Major life events, hassles, and adaptation in adolescence: Confounding in the conceptualization and measurement of life stress and adjustment revisited. *Journal of Personality and Social Psychology, 55,* 432-444.

Sandin, B., Chorot, P., Santed, M. A., Valiente, R. M., & Joiner, T. E. (1998). Negative life events and adolescent suicidal behavior: A critical analysis from the stress process perspective. *Journal of Adolescence, 21,* 415-426.

Sarason, I. G., Johnson, J. H., & Siegel, J. M. (1978). Assessing the impact of life change: Development of the Life Experience Survey. *Journal of Counseling and Clinical Pathology, 46(5),* 932-946.

Shermis, M. D., & Coleman, M. (1990). Stress and coping: A cognitive-behavioral model. In B. L. Printz, M. D. Shermis.., & P. M. Webb. (1999). Stress-buffering factors related to adolescent coping: A path analysis. *Adolescence, 34(136),* 715-734.

Simons, R. L., & Murphy, P. I. (1985). Sex differences in the causes of adolescent suicide ideation. *Journal of Youth and Adolescence, 14(5),* 423-434.

Spirito, A., Brown, L., Overholser, J., & Fritz, G. (1989). Attempted suicide in adolescence: Review and critique of the literature. *Clinical Psychology Review, 9*, 335-363.

Tardy, C. (1985). Social support measurement. *American Journal of Community Psychology, 13(2)*, 187-202.

Walker, L. S., & Greene, J. W. (1986). The social context of adolescent self-esteem. *Journal of Youth and Adolescence, 15(4)*, 315-322.

Watkins, R. L., & Gutierrez, P. M. (2003). The relationship between exposure to adolescent suicide and subsequent suicide risk. *Suicide & Life -Threatening Behavior, 33(1)*, 21-32.

Zieman, G. L., & Benson, G. P. (1983). Delinquency: The role of self-esteem and social values. *Journal of Youth and Adolescence, 12(6)*, 489-500.

부록: 조사 도구

No._____

청소년 정신건강에 대한 설문

안녕하십니까?

이 설문은 청소년의 정신건강에 관한 것입니다.

귀하의 답변은 청소년의 정신건강 연구에 중요한 자료가 될 것입니다.

답변 내용은 연구목적으로만 사용될 것이며, 비밀은 철저히 보장될 것입니다.

모든 질문에 빠짐없이 솔직하게 답변하여 주시면 감사하겠습니다.

총 소요 시간은 약 30분입니다.

소중한 시간을 내어 주셔서 진심으로 감사드립니다.

연세대학교 사회복지연구소

홍영수 연구원

E-mail: aeromap@hanmail.net

연락처: 018-226-7890

※ 다음에는 귀하가 지금까지 경험했을 수도 있는 문항들이 있습니다. 지난 1개월 동안을 기준으로 해당하는 란에 √표하여 주십시오.

번호	문 항	발생 유무		느낌 / 생각			영 향			
		있었음	없었음	좋았음	나빴음	없었음	약간 있었음	많이 있었음	매우 많았음	
1	이사 등으로 내가 사는 곳이 바뀜									
2	우리 가정에 큰 경제적 변화가 생김									
3	가족구성원이나 가까운 친척 중 누군가가 죽음									
4	가족구성원이나 가까운 친척 중 누군가가 심한 병에 걸리거나 다치거나 건강이 나빠짐									
5	함께 사는 가족구성원이 늘어남 (형제자매의 출생, 새아버지나 새어머니 생김, 친척이 같이 살게 됨 등)									
6	가족구성원 중 누군가가 직장, 결혼, 학업 등의 일로 집을 떠남									
7	직업이 없던 가족구성원이 새로 직업을 갖게 됨									
8	부모님이 이혼하거나 별거를 함									
9	아버지나 어머니가 직장을 옮기거나 다른 직장으로 옮김									

번호	문 항	발생 유무		느낌 / 생각		영 향			
		있었음	없었음	좋았음	나빴음	없었음	약간 있었음	많이 있었음	매우 많았음
10	부모님이 경찰이나 법원과 관련된 법적 문제를 가짐								
11	내가 전학을 함								
12	내가 유급을 함								
13	내가 학교에서 징계를 받거나 경찰 등과 관련된 법적인 문제가 발생함								
14	내가 심한 병에 걸리거나 다치거나 건강이 나빠짐								
15	내가 육체적으로 학대를 당함								
16	내가 성적인 학대를 당함								
17	가까운 동성친구나 동료 중 누군가가 죽음								
18	가까운 동성친구나 동료 중 누군가가 병에 걸리거나 다치거나 건강이 나빠짐								
19	가까운 이성친구 중 누군가가 죽음								
20	가까운 이성친구 중 누군가가 병에 걸리거나 다치거나 건강이 나빠짐								
21	나(여성응답자인 경우) 또는 여자 친구(남자 응답자인 경우)가 임신을 하거나 낙태를 함								
22	나와 부모님 간에 다투는 일이 더 늘어나거나 더 줄어듦								
23	나와 부모님 사이가 더 좋아짐								

번호	문 항	발생 유무		느낌/생각		영 향			
		있었음	없었음	좋았음	나빴음	없었음	약간 있었음	많이 있었음	매우 많았음
24	나와 형제간에 다투는 일이 늘어나거나 더 줄어듦								
25	나와 형제간에 사이가 더 좋아짐								
26	갖고 싶은 옷이나 물건을 갖게 되거나 가질 수 없게 됨								
27	용돈이 늘어나거나 줄어듦								
28	나 또는 가족이 소중히 여기던 물건을 잃어버림								
29	학교에서 상을 받음								
30	학업성적에 변화가 있음								
31	공부에 대한 부담감을 느낌								
32	공부하는 시간이 늘거나 줄어 듦								
33	진로에 대한 걱정이 됨								
34	학교 선생님과 잘 지내지 못함								
35	새로운 집단에 가입함(종교활동, 동아리, 클럽, 기타 모임)								
36	원하는 집단에 가입하지 못함(종교활동, 동아리, 클럽, 기타 모임)								
37	새로운 아르바이트 자리를 얻음								
38	학업 외의 활동에서 동료들과 심한 경쟁을 함								
39	친한 친구와 사이가 나빠지거나 절교를 함								

번호	문항	발생 유무		느낌 / 생각		영향			
		있었음	없었음	좋았음	나빴음	없었음	약간 있었음	많이 있었음	매우 많았음
40	친한 친구와 사이가 더 좋아짐								
41	학교나 학원의 친구 등 동료들과 사이좋게 지내지 못함								
42	학교나 학원의 친구 등 동료들과 사이가 더 좋아짐								
43	새로운 이성친구가 생김								
44	이성친구와 헤어짐								
45	이성친구와 더 가까워짐								
46	이성친구와 성적인 접촉을 가짐								
47	잠이 늘거나 줄어 듬								
48	먹는 양이 늘거나 줄어 듬								
49	외모가 마음에 들지 않음								
50	자위 등의 성적인 문제로 고민함								
51	학교에서 따돌림을 당함								
52	친구나 선배 등으로부터 구타를 당함								
53	누군가가 나에게 협박이나 강요를 함								
54	누군가로부터 금품을 빼앗김								

※ 다음은 **평소** 자신에 대하여 어떻게 느끼는지에 대한 문항입니다. 해당하는 칸에 √표하여 주십시오.

번호	문 항	매우 그렇다	대체로 그렇다	대체로 그렇지 않다	매우 그렇지 않다
1	나는 적어도 다른 사람들만큼 가치있는 사람이라고 느낀다.				
2	나는 훌륭한 재능을 많이 가지고 있다고 느낀다.				
3	나는 대체로 내가 실패자라고 느끼는 경향이 있다.				
4	나는 대부분의 다른 사람들이 하는 만큼 일을 해 낼 수 있다.				
5	나에게 자랑할 만한 것이 별로 없다고 느낀다.				
6	나 자신에 대하여 긍정적인 태도를 가지고 있다.				
7	대체로 나 자신에 대하여 만족한다.				
8	내가 나 자신을 더 존중할 수 있었으면 좋겠다.				
9	나는 가끔 내가 분명 쓸모없는 사람이라고 느낀다.				
10	나는 가끔 내가 전혀 우수하지 않다고 생각한다.				

※ 다음 문항을 잘 읽고 귀하가 동의하는 정도를 가장 잘 나타낸다고 생각되는 칸에 √ 표하여 주십시오.

나는……….

번호	문 항	매우 그렇다	대체로 그렇다	약간 그렇다	약간 그렇지 않다	대체로 그렇지 않다	매우 그렇지 않다
1	문제에 대한 해결책이 성공하지 못했을 때, 왜 그러했는지를 검토하지 않는다.						
2	복잡한 문제를 만나면, 그 문제를 파악하는 데 도움이 되는 정보를 모으기 위한 계획을 세우지 않는다.						
3	문제 해결을 위한 첫 번째 노력이 실패하면, 그 상황을 다룰 수 있을지 걱정이 된다.						
4	어떤 문제를 해결하고 난 후에는 무엇이 잘되었고 무엇이 잘 안 되었는지를 따져보지 않는다.						
5	문제해결을 위한 창의적이고 효과적인 방안을 생각해 낼 수 있다.						
6	어떤 문제의 해결을 위하여 노력을 한 후에는, 시간을 내어서 실제 결과와 내가 예상했던 것을 비교한다.						
7	어떤 문제가 있을 때, 그것을 처리하기 위하여 최대한 많은 방법들을 생각해 낸다.						
8	어떤 문제 상황을 대하면 나의 느낌에 어떤 변화가 일어나는지를 꾸준히 살펴본다.						
9	처음에는 어떤 해결책이 보이지 않을지라도 그 문제를 해결할 수 있다고 믿는다.						
10	내가 만나는 문제들은 대개 내가 해결하기에는 너무 복잡하다.						

번호	문 항	매우 그렇다	대체로 그렇다	약간 그렇다	약간 그렇지 않다	대체로 그렇지 않다	매우 그렇지 않다
11	어떤 문제에 대하여 결정을 하면 그 후에도 그 결정에 대하여 만족한다.						
12	어떤 문제를 만나면, 맨 먼저 따오르는 해결책을 선택하는 경향이 있다.						
13	때때로 어떤 문제를 처리하기 위한 역량을 갖지 못하고 매우 당황스러워 한다.						
14	어떤 문제에 대한 해결방법을 결정할 때, 어떤 방안이 더 성공적일지에 대하여 고려하지 않는다.						
15	어떤 문제에 부딪히면 그 문제에 대하여 생각한 후에 그 다음 단계를 결정한다.						
16	일반적으로 머리에 따오르는 첫 번째 생각에 따라 행동한다.						
17	어떤 결정을 할 때 각 대안의 결과에 대하여 평가하고 서로 비교한다.						
18	어떤 문제를 해결하기 위한 계획을 세울 때, 그 계획대로 할 수 있다고 확신한다.						
19	어떤 행동을 할 때 그 결과를 예측하려고 노력한다.						
20	어떤 문제에 대해 생각할 때, 여러 가지의 다양한 대안들을 고려하지 않는다.						
21	충분한 시간과 노력을 기울인다면, 내가 만나는 대부분의 문제를 해결할 수 있다고 믿는다.						
22	새로운 상황을 맞닥터도, 그 상황에서 일어날 수 있는 문제들을 처리할 수 있다고 믿는다.						

번호	문 항	매우 그렇다	대체로 그렇다	약간 그렇다	약간 그렇지 않다	대체로 그렇지 않다	매우 그렇지 않다
23	어떤 문제를 해결하기 위한 행동에 착수하기 전에, 때때로 헤매거나 방황하곤 한다.						
24	판단을 빨리하고 나중에 그것에 대하여 후회한다.						
25	새로운 문제든 어려운 문제든 해결할 수 있는 나의 능력을 믿는다.						
26	여러 가지 대안들을 비교하고 결정을 내리는 체계적인 방법을 알고 있다.						
27	어떤 문제에 부딪힐 때, 내 주변의 어떤 것들이 문제해결에 도움이 될 것인지를 검토하지 않는다.						
28	어떤 문제를 만나게 되면, 맨 먼저 상황을 파악하고 관련된 정보들을 검토한다.						
29	때때로 나는 감정에 사로잡혀서 문제를 다루기 위한 다양한 방법들을 생각해 내지 못한다.						
30	내가 결정한 일의 실제적인 결과는 내가 기대했던 결과와 대체로 비슷하다고 생각한다.						
31	어떤 문제에 접하게 되면 그것을 처리할 수 있을지 불안하다.						
32	어떤 문제가 있을 때, 그 문제를 정확히 파악할 수 있는 능력이 있다.						

※ 다음은 귀하가 **평소** 일상생활에서 받고 있는 느낌이나 견해를 알아보고자 하는 것입니다.
각 문항을 읽으시고 **대상자별(부, 모, 친구)로** 귀하의 의견과 가장 일치하는 칸에 빠짐없이 √표하여 주십시오.

번호	문 항	대상자	전혀 그렇지 않다	대체로 그렇지 않다	그저 그렇다	대체로 그렇다	매우 그렇다
1	내가 사랑과 돌봄을 받고 있다고 느끼게 해 준다.	부					
		모					
		친구					
2	내가 취한 행동이 옳고 그름을 공정하게 평가해 준다.	부					
		모					
		친구					
3	내가 필요로 하는 돈이나 물건에 대해 최선을 다해 마련해 준다.	부					
		모					
		친구					
4	내가 그에게 필요한 가치있는 존재임을 인정해 준다.	부					
		모					
		친구					
5	내가 하고 있는 일에 자부심을 가질 수 있도록 나의 일을 인정해 준다.	부					
		모					
		친구					

번호	문 항	대상자	전혀 그렇지 않다	대체로 그렇지 않다	그저 그렇다	대체로 그렇다	매우 그렇다
6	함께 있으면 친밀감을 느끼게 해 준다.	부					
		모					
		친구					
7	나의 문제를 가까이 들어준다(경청한다).	부					
		모					
		친구					
8	그는 내가 배울 점이 많은 존경할 만한 사람이다.	부					
		모					
		친구					
9	그는 자신이 직접 도움을 줄 수 없을 때에는 다른 사람을 보내서라도 나를 도와준다.	부					
		모					
		친구					
10	그는 내가 마음놓고 믿고 의지할 수 있는 사람이다.	부					
		모					
		친구					

번호	문 항	대상자	전혀 그렇지 않다	대체로 그렇지 않다	그저 그렇다	대체로 그렇다	매우 그렇다
11	내가 잘 했을 때는(좋은 결과를 얻었을 때는) 칭찬을 아끼지 않는다.	부					
		모					
		친구					
12	나를 인격적으로 존중해 준다.	부					
		모					
		친구					
13	무슨 일이든 내가(보상을) 바라지 않고 최선을 다해 나를 도와준다.	부					
		모					
		친구					
14	내가 어려운 상황(위기)에 직면했을 때 현명하게 문제를 해결할 수 있는 방안을 제시해 준다.	부					
		모					
		친구					
15	어느한 문제가 생길 때마다 나를 위해 시간을 내주고 응해 준다.	부					
		모					
		친구					

번호	문항	대상자	전혀 그렇지 않다	대체로 그렇지 않다	그저 그렇다	대체로 그렇다	매우 그렇다
16	항상 나의 일에 관심을 갖고 걱정해 준다.	부					
		모					
		친구					
17	내가 못났던 사실을 잊게위주고 확신하게 해 준다.	부					
		모					
		친구					
18	내가 결단을 못 내리고 망설일 때, 결단을 내리게끔 자극을 주고 용기를 준다.	부					
		모					
		친구					
19	내가 현실을 이해하고 사회생활에 잘 적응할 수 있도록 건전한 충고를 해 준다.	부					
		모					
		친구					
20	내가 필요로 하는 물건이 있으면 언제라도 빌려준다.	부					
		모					
		친구					

번호	문 항	대상자	전혀 그렇지 않다	대체로 그렇지 않다	그저 그렇다	대체로 그렇다	매우 그렇다
21	나의 의견을 존중해 주고 대체로 받아들여 준다.	부					
		모					
		친구					
22	나에게 생긴 문제의 원인을 찾아내는 데 도움이 되는 정보를 제공해 준다.	부					
		모					
		친구					
23	내가 몹시 화가 나 있을 때 나의 일을 대신해 준다.	부					
		모					
		친구					
24	내가 기분이 언짢아 할 때 나의 감정을 이해하고 기분을 전환시켜 주려고 노력한다.	부					
		모					
		친구					
25	내가 어떤 선택을 해야만 할 때 합리적인 결정을 내릴 수 있도록 조언을 해 준다.	부					
		모					
		친구					

※ <u>다음 보기를 잘 읽고</u> 질문에 해당하는 칸에 √표하여 주십시오.

[보기] 1 = 전혀 생각한 적 없다.

2 = 그 전에는 그런 생각을 한 적이 있지만 지난 1개월 동안에는 그런 생각을 한 적이 없다.

3 = 한 달에 한 번 정도 그런 생각을 한다.

4 = 한 달에 두세 번 그런 생각을 한다.

5 = 일주일에 한 번 정도 그런 생각을 한다.

6 = 일주일에 두세 번 그런 생각을 한다.

7 = 거의 매일 그런 생각을 한다.

번호	문 항	1	2	3	4	5	6	7
1	내가 살아있지 않는 편이 더 나을 것이라고 생각했다.							
2	내가 자살하는 것에 대하여 생각했다.							
3	내가 어떻게 자살할 것인가에 대하여 생각했다.							
4	내가 언제 자살할 것인가를 생각했다.							
5	죽는 사람들에 대해 생각했다.							

[보기] 1= 전혀 생각한 적 없다.

2= 그 전에는 그런 생각을 한 적이 있지만 지난 1개월 동안에는 그런 생각을 한 적이 없다.

3= 한 달에 한 번 정도 그런 생각을 한다.

4= 한 달에 두세 번 그런 생각을 한다.

5= 일주일에 한 번 정도 그런 생각을 한다.

6= 일주일에 두세 번 그런 생각을 한다.

7= 거의 매일 그런 생각을 한다.

번호	문 항	1	2	3	4	5	6	7
6	죽음에 대해서 생각했다.							
7	자살할 때 유서에 무엇이라고 쓸 것인가에 대해서 생각했다.							
8	유서 작성에 대해 생각했다.							
9	사람들에게 '내가 자살할 계획이다'라고 이야기하는 것에 대하여 생각했다.							
10	내가 죽는다면 다른 사람들이 더 행복할 것이라고 생각했다.							
11	'내가 자살을 하면 다른 사람들이 어떻게 생각할까' 하고 생각했다.							
12	내가 죽었으면 하고 바랬다.							
13	자살하는 게 얼마나 쉬울까 하고 생각해 보았다.							

[보기] 1= 전혀 생각한 적 없다.

2= 그 전에는 그런 생각을 한 적이 있지만 지난 1개월 동안에는 그런 생각을 한 적이 없다.

3= 한 달에 한 번 정도 그런 생각을 한다.

4= 한 달에 두세 번 그런 생각을 한다.

5= 일주일에 한 번 정도 그런 생각을 한다.

6= 일주일에 두세 번 그런 생각을 한다.

7= 거의 매일 그런 생각을 한다.

번호	문 항	1	2	3	4	5	6	7
14	내가 자살을 하면 문제가 해결될 것이라고 생각했다.							
15	내가 죽으면 다른 사람들이 더 잘 살 것이라고 생각했다.							
16	자살할 수 있는 방법이 있었으면 좋겠다.							
17	내가 태어나지 않았다라면 하고 바랐다.							
18	기회가 있으면 자살할 것이라고 생각했다.							
19	사람들이 자살하는 방법에 대하여 생각했다.							
20	자살하고 싶은 생각을 했지만 실제로 행동으로 옮기지는 않을 것이다.							
21	심한 사고를 당하는 것이 대하여 생각해 보았다.							

[보기] 1= 전혀 생각한 적 없다.

2= 그 전에는 그런 생각을 한 적이 있지만 지난 1개월 동안에는 그런 생각을 한 적이 없다.

3= 한 달에 한 번 정도 그런 생각을 한다.

4= 한 달에 두세 번 그런 생각을 한다.

5= 일주일에 한 번 정도 그런 생각을 한다.

6= 일주일에 두세 번 그런 생각을 한다.

7= 거의 매일 그런 생각을 한다.

번호	문 항	1	2	3	4	5	6	7
22	인생은 살만한 가치가 없다고 생각했다.							
23	내 인생은 너무 엉망이어서 더 이상 살아갈 이유가 없다고 생각했다.							
24	내 존재를 알리는 유일한 방법은 자살하는 것이라고 생각했다.							
25	내가 자살하고 나면 사람들이 나의 가치를 깨닫게 될 것이라고 생각했다.							
26	내가 죽든 살든 아무도 관심을 가지지 않을 것이라고 생각했다.							
27	실제로 자살하지는 않겠지만 자해하는 것에 대해 생각했다.							
28	내가 자살할 수 있는 용기가 있을까 하고 생각했다.							
29	상황이 더 좋아지지 않으면 자살하겠다고 생각했다.							
30	자살할 권리가 있었으면 좋겠다고 생각했다.							

※ 지난 1개월 동안에 다음 문항에 제시된 일이 있었는지 해당하는 단어에 √표하여 주십시오.

번호	문 항	있었음	없었음
1	자살하고 싶은 마음을 기록으로 남긴 적이 있다.		
2	자살할 생각으로 유서를 써 본적이 있다.		
3	자살할 생각으로 나의 물품들을 정리한 적이 있다.		
4	죽음을 통하여 자살방법에 관한 정보를 구한 적이 있다.		
5	자살할 것이라고 주위 사람들에게 말한 적이 있다.		
6	자살하고자 하는 다른 사람과 전화로 자살에 대하여 이야기를 나눈 적이 있다.		
7	자살하고자 하는 다른 사람과 직접 만나서 자살에 대하여 이야기를 나눈 적이 있다.		
8	자살할 생각으로 자살 관련 인터넷 사이트를 검색해 본 적이 있다.		
9	인터넷에서 자살관련 사이트를 방문한 적이 있다.		
10	자살에 관하여 이야기하기 위해 대화방을 만들거나 동호회 모임을 만든 적이 있다.		
11	인터넷을 통하여 자살방법에 관한 정보를 구한 적이 있다.		
12	자살하고자 하는 다른 사람과 인터넷으로 자살에 대하여 이야기를 나눈 적이 있다.		
13	자살을 하려고 자살할 장소에 가 본 적이 있다.		
14	실제로 자해를 하지는 않았으나, 남들 앞에서 자살하려는 행동을 보인 적이 있다.		
15	자살에 필요한 도구(예: 칼, 약 등)를 준비한 적이 있다.		

※ 다음은 귀하의 일반적인 사항에 관한 것입니다. 해당하는 곳에 √표하거나 필요한 내용을 적어 주십시오.

1	성 별	□ 남 □ 여
2	태어난 때	양. □ 음 ( ) / ( )년 ( )월
3	학 년	( ) 학년

4. 귀하는 음주를 하십니까?　□ 예　□ 아니오
5. 귀하는 흡연을 하십니까?　□ 예　□ 아니오
6. 귀하는 본드나 환각제 등의 약물을 하고 있습니까?　□ 예　□ 아니오
7. 귀하는 정신과 상담이나 치료를 받은 적이 있습니까?　□ 예　□ 아니오
8. 귀하의 친구가 자살을 한 적이 있습니까?　□ 예　□ 아니오

9. 가족의 경제상태는 어떻습니까? 해당 사항에 √ 표 하여 주십시오.

□ 매우 가난함　□ 대체로 가난함　□ 보통　□ 약간 부유함　□ 매우 부유함

| 10 | 아버지 학력 | □ 초등학교 졸업이하 □ 중졸 이하 □ 고졸 이하 □ 전문대졸 이하 □ 4년제 대졸 이상 □ 아버지가 안 계심 |
| 11 | 어머니 학력 | □ 초등학교 졸업이하 □ 중졸 이하 □ 고졸 이하 □ 전문대졸 이하 □ 4년제 대졸 이상 □ 어머니가 안 계심 |

※ 가족구성원 중 다음에 제시한 문제를 가진 사람이 있는지 / 없는지 해당하는 란에 √표하여 주십시오.

번호	문항	예	아니오
1	습관적인 흡연		
2	과다한 음주		
3	불면증이나 우울 등이 신경증적 문제		
4	마약 등의 약물남용		
5	정신 질환		
6	자살 또는 자살시도		

♡ 성심껏 답변해 주셔서 감사합니다 ♡

저자약력

홍영수

연세대학교 사회사업학과 졸업
연세대학교 대학원 행정학 석사(사회복지 전공)
연세대학교 대학원 사회복지학 박사

삼육재활센터 의료사회사업가
영동세브란스병원 의료사회사업가
삼성서울병원 주임 사회복지사
(현)연세대학교 사회복지연구소 연구원
　　(사회복지연구)
(현)사단법인 청소년참사랑운동본부 자문위원
　　(청소년 복지 자문)
(현)순천향대학교 사회복지학과 교수

주요논저
『의료사회사업론』
「가출청소년의 자살행동 경험」
「발달장애아동 어머니의 정신건강 개선 프로그램 개발과 효과성 평가」
「청소년 자살행동의 유병률 및 위험요인과의 관계」
「발달장애아동 어머니의 우울과 배우자지지」
「장애아동을 양육하는 어머니의 스트레스와 우울 감소를 위한 프로그램의 효과」
「청소년의 자살행동에 대한 생활스트레스 및 자기 존중감의 영향」
「청소년의 생활스트레스가 자살생각에 미치는 영향 및 사회적 지원의 완충효과」
「청소년의 생활스트레스가 자살생각에 미치는 영향과 우울의 매개효과」
「만성질환을 가진 의료급여 수급권자의 사회적 지원과 삶의 질」
「청소년의 생활스트레스가 자살행동에 미치는 영향 및 그에 대한 문제해결능력의 완충효과」
「미혼모의 문제와 의료사회사업적 지원」
「근육병환자에 대한 사회사업적 개입: 병원세팅을 중심으로 한 사례관리기법의 활용」
외 다수.

청소년의 생활스트레스가 자살행동에 미치는 영향과
심리사회적 자원의 보호효과

• 초판 인쇄	2006년 10월 30일
• 초판 발행	2006년 10월 30일
• 지 은 이	홍영수
• 펴 낸 이	채종준
• 펴 낸 곳	한국학술정보㈜
	경기도 파주시 교하읍 문발리 526-2
	파주출판문화정보산업단지
	전화 031) 908-3181(대표) · 팩스 031) 908-3189
	홈페이지 http://www.kstudy.com
	e-mail(출판사업팀사업부) publish@kstudy.com
• 등 록	제일산-115호(2000. 6. 19)
• 가 격	20,000원

ISBN   89-534-5716-5 93330 (Paper Book)
         89-534-5717-3 98330 (e-Book)